KB218666

이기는 신앙

요한계시록 묵상

이기는 신앙

THE WAY TO WIN

조봉희

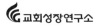 교회성장연구소

CONTENTS

프롤로그

스포츠경기 중계방송을 보는 방법에는 두 가지가 있다. 손에 땀을 쥐고 긴장하며 생방송을 보는 것과 느긋하게 즐기면서 재방송을 보는 것이다. 모두가 공감하듯이 재방송을 볼 때는 누가 이길 것인가, 어느 팀이 승리할 것인가에 대한 초조함과 긴장감 없이 편안하게 볼 수 있다. 그냥 여유 있게 즐기면서 보면 된다.

이것이 요한계시록의 메시지다. 우리의 승리는 이미 이천 년 전에 예수님께서 확보해 놓으셨다. 십자가 보혈로 사탄을 이기셨다. 악의 축을 완전히 참패시키셨다. 그래서 우리도 주님 안에서 '이기는 자'가 된 것이다.

요한은 이기는 신앙을 강조한다. 예수님께서 사탄을 이기셨기에 우리도 넉넉히 이기는 자가 될 수 있음을 피력한다. 그는 복음서와 서신서, 그리고 계시록에서 이긴다는 단어, '니카오'(nikao)를 25번이나 반복한다. 신약성경에서 28번 사용되는데, 그중 25번을 사도 요한이 즐겨 사용한다. 예수님과 함께 이기는 신앙으로 살아갈 수 있다는 확신에 찬 선포이다.

사도 바울 역시 이런 놀라운 영적 승리를 예찬한다. 우리는 그 어떤 시련과 환난의 소용돌이 속에서도 넉넉히 이기며 살아갈 수 있다. 우리 주 예수 그리스도 안에 있는 하나님의 사랑을 힘입어 이기고도 남는다(로마서 8:37).

이런 축복은 영적인 훈련이나 수양을 통해서 얻는 것이 아니다. 오직 은혜로만 가능하다. 예수님의 사랑을 힘입는 믿음으로만 가능하다. 이천 년 전에 오신 십자가의 예수님을 믿고, 장차 오실 승리의 주 예수님을 믿는 만큼 이길 수 있다. 요한일서 5장 4절에서 선언하듯이 '세상을 이기는 비결은 우리의 믿음'이다.

따라서 우리는 이기는 신앙의 자세, 이기는 믿음의 습관을 길러야 한다. 이것이 요한계시록의 주제다. 요지경 같은 세상 속에서도 예수님을 모시고 이기는 게임을 즐기며 살아가라고 한다. 예수님은 십자가로 이미 세상을 이기셨다. 부활의 능력으로 승리하셨으며, 하늘과 땅의 왕권으로 재림하신다. 그러므로 우리는 인생의 시련이나 역경을 향해서 힘차게 선포해야 한다. "나는 이긴다." 세상을 향해서도, 사탄을 향해서도 사자가 포효하듯이 외쳐야 한다. "너는 지고, 내가 이긴다." 우리는 겨우 이기거나, 간신히 승리하는 것이 아니다. 넉넉히 이긴다. 이기고도 남는다. 우리를 사랑하시는 승리의 주 예수님을 힘입어 ….

이 책을 통해 당신에게도 이런 확신이 솟아나기를 바란다. 요즘처럼 자신감을 잃게 하고 위축시키고 의기소침하게 만드는 시대적 상황에서 이기는 신앙자세가 필요하다. 당신도 승리의 주 예수님과 함께 이기는 자로 살아갈 수 있다. 예수님과 함께 공동 승리자가 되는 환상을 품고 살아가자. 요한계시록을 성경의 마지막 메시지로 주신 이유가 여기에 있다. 다시 한 번 더 힘주어 강조한다. "당신은 반드시 이긴다."

이 책은 토요일 새벽에 나누었던 말씀을 모은 것이다. 부족한 종의 설교가 또 한 권의 책으로 엮어지게 되어 감사할 따름이다. 토요일 새벽마다 함께 기도하는, 이기는 신앙의 동지인 지구촌 교회 교우들에게 먼저 감사를 드린다. 그리고 이 책의 출간을 적극적으로 추진해 주신 교회성장연구소 이사장 이영훈 목사님과 소장 김호성 목사님, 본부장 김형근 목사님, 거친 흙덩어리처럼 세련되지 못한 글을 옥토로 만들어 준 홍지애 팀장과 최윤선 연구원에게 감사를 드린다. 또 꼼꼼하게 글을 읽으며 교정해 준 목회 동역자 박미혜 실장에게 고마운 마음을 전한다. 끝으로 예수님 안에서 공동 승리자가 되고자 의연하게 이기는 신앙으로 살아가고 있는 아내를 더욱 축복한다. 아울러 이 책을 읽는 모든 분들에게 '당신은 반드시 이긴다.'는 은혜를 보장해 드린다.

_지구촌의 골방에서 조봉희

1 예수 그리스도의 계시라 이는 하나님이 그에게 주사

반드시 속히 일어날 일들을 그 종들에게 보이시려고

그의 천사를 그 종 요한에게 보내어 알게 하신 것이라

2 요한은 하나님의 말씀과 예수 그리스도의 증거

곧 자기가 본 것을 다 증언하였느니라

3 이 예언의 말씀을 읽는 자와 듣는 자와 그 가운데에

기록한 것을 지키는 자는 복이 있나니 때가 가까움이라

4 요한은 아시아에 있는 일곱 교회에 편지하노니

이제도 계시고 전에도 계셨고 장차 오실 이와 그의 보좌 앞에 있는 일곱 영과

5 또 충성된 증인으로 죽은 자들 가운데에서

먼저 나시고 땅의 임금들의 머리가 되신 예수 그리스도로 말미암아

은혜와 평강이 너희에게 있기를 원하노라

우리를 사랑하사 그의 피로 우리 죄에서 우리를 해방하시고

6 그의 아버지 하나님을 위하여 우리를 나라와 제사장으로 삼으신 그에게

영광과 능력이 세세토록 있기를 원하노라 아멘

1

CHAPTER

'나이키'
신자

심리학 용어로 '미래 완성 사고(Future perfect thinking)'라는 말이 있다. 미래의 승리와 성공을 미리 생각하며 살아가라는 의미다. 이것이 바로 요한계시록의 주제다. 원래 '계시'라는 단어가 미래의 비밀을 알려 준다는 뜻이다. 따라서 요한계시록의 핵심은, 예수님께서 승리하신 것처럼 예수님을 믿는 사람들도 결국 승리한다는 메시지다.

미래의 승리를 담고 있는 요한계시록은, 앞으로 보게 될 환상들이 예수님께서 이 땅에 오셔서 이루실 일들임을 밝히며 시작한다.

예수 그리스도의 계시라 이는 하나님이 그에게 주사 반드시 속히 일어날 일들을 그 종들에게 보이시려고 그의 천사를 그 종 요한에게 보내어 알게 하

신 것이라 (요한계시록 1:1)

그리고 그 일들을 이루실 예수님을 기다리는 것으로 마친다.

··· 아멘 주 예수여 오시옵소서 (요한계시록 22:20)

사도 요한은 세 종류의 책을 썼다. 믿어야 할 예수님에 대한 요한복음, 사랑해야 할 예수님에 대한 요한서신, 마지막으로 기다려야 할 예수님에 대한 요한계시록이다. 특히 요한계시록은 다시 오실 예수님에 대한 것과 그 예수님을 통해 완성될 하나님 나라의 축복을 담고 있다.

창 세 기 (시작)	계 시 록 (완성)
천지의 창조(1-2장)	새 하늘과 새 땅의 창조(21-22장)
땅을 다스리는 첫 아담(1:26)	영광 중에 다스리는 마지막 아담(21:5)
에덴에 있는 생명나무(2:9, 3:22)	새 창조에서의 생명나무(22:2)
동산의 강(2:10-14)	신천지의 생명강(22:1-2)
아담의 결혼(2:18-23)	어린양의 결혼(19:6-9)
사탄의 거짓말(3:1)	거짓말쟁이의 추방(21:27)
죄가 죽음과 저주를 가져옴(3:14,17-19)	저주, 죽음, 눈물이 없는 곳(22:3)
사탄과 그리스도와의 대결(3:15)	사탄의 최종적 멸망(20:10)
낙원에서 추방된 인간(실락원) (3:23, 4:16)	낙원으로 회복된 인간(복락원) (22:4)
생명나무 금지(3:24)	생명나무 개방(22:14)
땅에서의 하나님 나라	**새 하늘에서의 하나님 나라**

왼쪽 표에서 나타나듯 성경의 시작인 창세기의 내용과 성경의 완성인 계시록의 내용을 비교해 보면, 완성될 하나님의 나라의 모습을 그려볼 수 있다.

이처럼 모든 것의 완성을 이야기하는 요한계시록은 완전한 숫자 '7'을 54번이나 반복하면서 강조한다. 일곱 가지 축복을 시작으로 일곱 교회, 일곱 금 촛대, 일곱 나팔, 일곱 별, 일곱 이적, 일곱 면류관, 일곱 광경, 하나님의 일곱 영을 소개한다. 이 세상에 다시 오시는 예수님의 완전한 승리를 상징하는 표현 방법이다. 특히 일곱 가지 축복의 메시지는 1장부터 22장까지 파노라마 형식으로 설명된다.

① 말씀을 읽고, 듣고, 지키는 자의 복(1:3)

② 주 안에서 죽는 자의 복(14:13)

③ 성결하게 사는 자의 복(16:15)

④ 천국 잔치에 초대받는 복(19:9)

⑤ 부활의 복(20:6)

⑥ 신앙을 끝까지 지키는 자의 복(22:7)

⑦ 천국기업을 누리는 자의 복(22:14)

한마디로 요한계시록은 영광스러운 승리자의 축복을 바라보며 살라는 요청이다.

넉넉히 이긴다, 니카오

사도 요한이 하나님의 계시를 받은 것은 지중해 한복판에 있는 '밧모'라는 섬에서 고독하게 유배생활을 하고 있던 때다. 그는 예수님의 열두 사도 중 유일한 생존자였고, 혼자서는 로마 정부와 싸울 수 없는 무기력한 상태였다. 더구나 당시 로마의 황제 도미티아누스(Domitianus, Titus Flavius)는 기독교를 매우 심하게 박해하고 있었다. 바로 이런 영적 암흑기에 하나님이 요한에게 환상을 통해 승리의 메시지를 보여 주신 것이다. 십자가에 못 박혀 죽으신 예수님이 사흘 만에 부활의 능력으로 승리하신 것처럼 우리도 예수님처럼 영광스런 승리자가 된다고 말이다.

그래서 요한은 요한계시록에서 '승리'를 의미하는 단어 '니카오(nikao)'를 17번이나 반복하여 강조한다. 아무리 어렵고 힘든 상황이라고 해도 예수님을 믿으면, 예수님처럼 부활의 능력으로 승리자가 된다는 확신을 심어준다. 넉넉히 이기는 신앙을 갖게 한다. 이런 맥락에서 요한계시록은 일곱 번의 승리를 소개한다. 일곱 개의 축복, 일곱 개의 승리다. 세상의 환난과 핍박, 붉은 용 적그리스도의 위협적인 공격에서도 교회와 성도들이 반드시 믿음으로 승리한다는 약속의 메시지다.

세계적인 스포츠 신발회사 '나이키(nike)'의 상호가 바로 이 '니카오'에서 나왔다. 나이키 로고를 상하로 결합하면 물고기 모양이 된다. 이것은 초대교회 성도들이 암호로 사용했던 물고기라는 헬라어 'IXθUS'로써, 풀어 쓰면 '예수 그리스도 하나님의 아들 구세주'라는 뜻이다.

요한이 강조하는 것처럼, 우리도 예수님과 함께 살아가면 그 어떤 역경이나 시련도 거뜬히 이겨내는 승리자가 된다. 하지만 이것은 아무 노력도 없이 승리할 수 있다는 의미가 아니다. 넉넉한 승리자가 되기 위해서, 우리는 최선을 다해 싸워야 한다.

자기와의 싸움에서 승리하자

인생이란 결국 자신과의 싸움이다. 우리가 잘 아는 사도 바울의 승리 비결은 이 두 마디다.

> **내가 내 몸을 쳐 복종하게 함은** … (고린도전서 9:27)

> **나는 날마다 죽노라** (고린도전서 15:31)

자신을 쳐서 복종시키는 일과 자기를 죽이는 싸움이 곧 자신과의 싸움이다. 이 싸움은 두 가지 측면에서 볼 수 있다. 하나는 자존심을 죽이는 것이고, 다른 하나는 내 안에 감추어져 있는 죄성을 죽이는 것이다.

'자존심'의 사전적 정의는 '남에게 굽히지 아니하고 자신의 품위를 스스로 지키는 마음'이다. 이 마음을 죽이는 것은 오직 십자가의 능력으로 가능하다. 사도 바울은 이렇게 간증한다.

내가 그리스도와 함께 십자가에 못 박혔나니 그런즉 이제는 내가 산 것이 아니요 오직 내 안에 그리스도께서 사신 것이라 이제 내가 육체 가운데 사는 것은 나를 사랑하사 나를 위하여 자기 몸을 버리신 하나님의 아들을 믿는 믿음 안에서 사는 것이라 (갈라디아서 2:20)

자존심보다 더 큰 적은 죄성이다. 내 안에 깊이 뿌리박혀 있는 죄성은 자신과의 싸움을 가장 어렵게 만드는 대상이다. 하지만 우리는 예수 그리스도 안에서 이 죄성과 싸워 이길 수 있다. 그러기 위해서는 우선 죄를 무서워할 줄 알아야 한다. 죄는 살며시 들어오기 때문이다. 마틴 루터(M. Luther)는 이런 멋진 표현으로 이것을 설명한다. "새가 내 머리 위로 날아다니는 것은 어쩔 수 없으나, 새가 내 머리 위에 앉는 것은 쫓을 수 있다."

죄를 쫓기 위한 방법은 성경에서 찾을 수 있다. 첫째는 다윗의 방법으로, '말씀'이다.

내가 주께 범죄치 아니하려 하여 주의 말씀을 내 마음에 두었나이다

(시편 119:11)

둘째는 바울의 방법으로, '성령'이다.

내가 이르노니 너희는 성령을 좇아 행하라 그리하면 육체의 욕심을 이루지 아니하리라 (갈라디아서 5:16)

십자가의 능력으로 자존심을 죽이고, 말씀과 성령으로 죄성을 이길 때 자신과의 싸움에서 승리할 수 있다.

세상과의 싸움에서 승리하자

세상은 우리가 쉽고 편안하게 신앙생활을 하도록 내버려 두지 않는다. 세상은 우리를 핍박하며, 이유 없이 시비하거나 미워하고, 환난을 당하게 도 한다. 하지만 세상으로부터 괜한 미움을 받는 것은 오히려 감사해야 할 일이다. 하나님께서 선택하신 자녀임이 객관적으로 드러나는 현상이기 때문이다. 예수님은 그런 사람들에게 이런 위로와 희망을 주신다.

> 세상이 너희를 미워하면 너희보다 먼저 나를 미워한 줄을 알라. 너희가 세상
> 에 속하였으면 세상이 자기의 것을 사랑할 터이나 너희는 세상에 속한 자가
> 아니요 도리어 세상에서 나의 택함을 입은 자인 고로 세상이 너희를 미워하
> 느니라 (요한복음 15:18-19)

> 세상에서는 너희가 환난을 당하나 담대하라 내가 세상을 이기었노라 하시니
> 라 (요한복음 16:33)

세상을 살다가 시련이나 어려움을 만날 때, 오직 믿음으로 이겨나갈 수

있기를 바란다. 믿음만이 세상을 이길 수 있다.

> 자녀들아 너희는 하나님께 속하였고 또 그들을 이기었나니 이는 너희 안에
> 계신 이가 세상에 있는 자보다 크심이라 (요한일서 4:4)

> 무릇 하나님께로부터 난 자마다 세상을 이기느니라 세상을 이기는 승리는
> 이것이니 우리의 믿음이니라 (요한일서 5:4)

마귀와의 싸움에서 승리하자

우리의 신앙생활은 결국 마귀와의 싸움이다. 오늘도 마귀는 우는 사자 같이 두루 다니며 삼킬 자를 찾아다니고 있다(베드로전서 5:8). 이것은 한때 마귀에게 완전히 농락당했던 베드로의 솔직한 고백이다. 그러므로 우리는 마귀와의 싸움에서 이기는 몇 가지 전략을 세워야 한다.

첫째, 마귀를 대적하자(야고보서 4:7). 예수님과 야고보처럼 우리가 마귀를 대적해야 마귀가 피하고 떠나간다. 특별히 마귀는 우리에게 의심이 생기게 하여, 하나님과 사람을 불신하게 한다. 다음의 이야기가 마귀를 대적하는 좋은 예가 될 것이다.

어느 날 사탄이 마틴 루터에게 말했다. "너는 큰 죄인이다. 그러므로 너는 저주를 받을 것이다." 루터는 이렇게 대적했다. "잠깐! 한 가지씩만 말

하자. 나는 큰 죄인이다. 네가 나에게 그렇게 말할 자격은 없지만, 그 말만은 사실이다. 나는 그것을 고백한다. 그 다음은 무엇인가?" "그러므로 너는 저주를 받을 것이다." "아니다. 그것은 말이 되지 않는다. 내가 큰 죄인이라는 것은 사실이나 예수 그리스도께서 죄인들을 구원하러 오셨기 때문에 나도 구원받은 것이다. 어서 물러가라 사탄아!"

둘째, 하나님의 전신갑주를 입자. 바울은 그의 삶에서 수많은 영적 전쟁의 경험을 토대로 이런 승리의 비결을 제시한다.

마귀의 간계를 능히 대적하기 위하여 하나님의 전신 갑주를 입으라

(에베소서 6:11)

우리의 힘으로는 마귀를 당해낼 수 없다. 그러나 하나님의 능력에 힘입으면 가능하다. 종교개혁을 일으킨 마틴 루터는 로마 교황청으로부터 위협과 핍박을 받았다. 하지만 그 가운데서도 그가 승리할 수 있었던 비결이 바로 이것이다. 마틴 루터가 직접 쓴 찬송가를 보면 분명하게 알 수 있다.

"내 힘만 의지할 때는 패할 수밖에 없도다 힘있는 장수 나와서 날 대신하여 싸우네."

우리는 보이지 않는 영적 전쟁을 하며 살아간다. 마귀는 어떻게 해서든지 우리를 밀 까부르듯이 하려고 한다. 요즘 전 세계적으로 사탄숭배 운동이 확산되고 있다. 그들은 명망 있는 기독교 지도자들을 탈선시키기 위해 사탄에게 빌고 있다. 하지만 겁낼 것 없다. 우리는 예수님의 능력에 힘입어 이길 수 있기 때문이다.

요한계시록은 우리에게 완전한 승리를 보장해 준다. 그래서 7번이나 승리를 강조한다. 승리에 대한 절대적인 확신을 가지고 살아가기 바란다. 우리는 나이키(이기는) 신자가 될 수 있다!

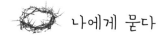 나에게 묻다

세상은 우리가 편안하게 신앙생활을 하도록 내버려 두지 않는다. 세상은 우리를 핍박하며, 이유 없이 시비하거나 미워하고, 환난을 당하게 한다. 하지만 세상으로부터 괜한 미움을 받는 것은, 오히려 감사해야 할 일이다. 하나님께서 선택하신 자녀임이 객관적으로 드러나는 현상이기 때문이다. 예수님은 그런 사람들에게 이런 위로와 희망을 주신다.

세상에서는 너희가 환난을 당하나 담대하라 내가 세상을 이기었노라 하시니라 (요한복음 16:33)

세상에서 만나는 시련을 이길 수 있는 힘은 오직 믿음뿐이다.

"위기를 만날 때 당신이 가장 의지하는 것은 무엇입니까?"

20

1 에베소 교회의 사자에게 편지하라

오른손에 있는 일곱 별을 붙잡고

일곱 금 촛대 사이를 거니시는 이가 이르시되

2 내가 네 행위와 수고와 네 인내를 알고

또 악한 자들을 용납하지 아니한 것과

자칭 사도라 하되 아닌 자들을 시험하여

그의 거짓된 것을 네가 드러낸 것과

3 또 네가 참고 내 이름을 위하여

견디고 게으르지 아니한 것을 아노라

4 그러나 너를 책망할 것이 있나니

너의 처음 사랑을 버렸느니라

2

CHAPTER

처음
마음으로

현대 교회는 지난 이천 년 기독교 역사 속에서 초대교회 못지않게 세계 곳곳으로부터 공격과 핍박을 받고 있다. 이러다가 교회가 점점 약화되는 것은 아닌지 걱정이 되기도 한다. 그러나 우리가 분명히 기억해야 할 한 가지는 예수님께서 세우신 교회는 절대 무너지지 않는다는 점이다. 예수님은 일찍이 마태복음에서 이 점을 분명하게 선포하셨다.

> … 내가 이 반석 위에 내 교회를 세우리니 음부의 권세가 이기지 못하리라
>
> (마태복음 16:18)

예수님의 교회는 이 세상의 그 어떤 세력도 무너뜨리지 못한다. 우리의 신앙고백이 분명하기만 하면 교회는 무너지지 않는 정도가 아니라, 넉넉

하게 승리할 수 있다. 그리고 우리가 영적으로 깨어 있고, 믿음 위에 서 있기만 하면 교회는 힘차게 부흥한다. 그래서 조직신학에서 교회론을 이야기할 때 크게 '전투적 교회'와 '승리적 교회'로 정의한다.

교회는 이 세상에서 날마다 영적 전투를 겪지만, 결국 반드시 승리할 것이라는 사실을 기억해야 한다. 예수님의 십자가 죽음과 부활로 세워진 교회는 어느 누구도 무너뜨릴 수 없다. 그렇기 때문에 교회는 주님이 오시는 그날까지 날마다 승리할 것이다. 이것이 요한계시록의 첫 번째 환상의 메시지다.

이천 년 전 기독교 초기의 교회들은 로마제국의 박해와 압정 밑에서 풍전등화와 같은 위기상황에 놓여 있었다. 더구나 예수님의 열두 사도 중 유일한 생존자이던 사도 요한마저 지중해 한복판에 있는 외딴 섬으로 유배되어 갔다. 사람들이 교회의 존폐 문제를 걱정하는 위기 상황에서 교회의 미래에 대해 결코 염려하지 않도록 주신 위로와 희망의 메시지가 바로 요한계시록이다.

일곱 교회에게 편지를 보낸 이유는 간단하다. 이 도시들이 소아시아에서 우편배달의 거점이었기 때문이다. 그리고 에베소 교회가 첫 번째 순서인 것은 요한이 갇혀 있는 밧모섬에서 직선거리로 100km 정도 되는 가장 가까운 도시였기 때문이다.

앞서 1장에서 승리의 주님으로 등장하시는 예수님의 모습을 살펴보았다. 2장은 에베소 교회에 보내는 편지를 통해 예수님께서 지상의 교회를 어떻게 돌보시며, 우리가 어떻게 신앙생활하기를 원하시는지 전하고 있다.

예수님은 우리를 오른손으로 붙잡아 주신다

에베소 교회를 향해서 말씀하시는 예수님의 모습은 참으로 장엄하고 권위가 있다.

> ··· **오른손에 있는 일곱 별을 붙잡고 일곱 금 촛대 사이를 거니시는 이가**
>
> **이르시되** (요한계시록 2:1)

얼마나 위풍당당한가? 이미 1장 13절 이하에서 예수님께서 보여 주신 자신의 모습은 로마의 그 어떤 황제보다도 더 위엄이 있으시다. 하늘과 땅의 권세를 지니신 승리의 왕이시다. 2장 1절의 '붙잡다'는 굉장히 힘 있는 단어다. 헬라어로 'kratein'인데, '힘 있게 꽉 붙잡는다'는 의미로 결코 놓치지 않는 강한 손길을 뜻한다. 그렇다면 그 손길에 붙들려 있는 일곱 별은 누구인가? 바로 교회를 섬기는 사람들이다.

> ··· **일곱 별은 일곱 교회의 사자요 일곱 촛대는 일곱 교회니라** (요한계시록 1:20)

즉 요한계시록의 첫 번째 환상은 주님의 강력한 손이 교회를 붙잡고 계 신다는 메시지다. 예수님은 교회의 든든한 보호자이며, 통솔자이시다. 주 님은 교회를 힘 있게 이끄실 뿐 아니라 우리를 그 능력의 손으로 강력하게 붙잡아 주신다.

그러므로 우리는 고난이나 어려움, 환난과 시련 중에 있더라도 염려하거나 불안해하지 않아야 한다. 주님께서 늘 우리를 지켜 주시고, 돌보아 주시기 때문이다. 이러한 확신이 있었기에 다윗은 인생의 위기 상황에서도 하나님을 향한 절대적 믿음을 붙들 수 있었다.

> 내가 새벽 날개를 치며 바다 끝에 가서 거주할지라도 거기서도 주의 손이 나를 인도하시며 주의 오른손이 나를 붙드시리이다 (시편 139:9-10)

지금 나의 처지는 어떠한가? 혹 위기상황이거나 절박함 가운데 있지는 않은가? 주님은 오늘도 염려와 걱정을 안고 사는 우리에게 이렇게 약속하신다.

> 두려워하지 말라 내가 너와 함께 함이라 놀라지 말라 나는 네 하나님이 됨이라 내가 너를 굳세게 하리라 참으로 너를 도와 주리라 참으로 나의 의로운 오른손으로 너를 붙들리라 (이사야 41:10)

예수님은 우리의 작은 행실까지도 칭찬해 주신다

예수님은 이 세상의 최고의 격려자이며, 따뜻한 위로자이시다. 우리의 작은 행실 하나도 놓치지 않고 칭찬하신다.

내가 네 행위와 수고와 네 인내를 알고 또 악한 자들을 용납하지 아니한 것과 자칭 사도라 하되 아닌 자들을 시험하여 그의 거짓된 것을 네가 드러낸 것과 또 네가 참고 내 이름을 위하여 견디고 게으르지 아니한 것을 아노라

(요한계시록 2:2-3)

"내가 너를 안다." 이것은 "내가 너를 칭찬한다."는 뜻이다. 주님이 친히 알아주신다는 인정의 표현이다. 얼마나 정감 넘치는 위로와 칭찬의 말씀인가? 본문에 나타난 '네 행위와'라는 말은 그 다음에 이어지는 모든 말들을 다 포함하는 표현이다. 즉 '네가 한 일, 곧 수고, 인내, 악한 자들과의 비타협, 분별력, 올곧은 신앙, 오래 참음, 많이 견딤, 성실'을 다 아신다는 뜻이다.

에베소 교회가 칭찬받은 내용을 세 가지 S로 정리하면, Serving, Steadfast, Smart다. 즉 섬김의 수고, 고난과 시련을 견디는 한결같음, 그리고 지혜로운 신앙생활이다. 에베소 교회의 모든 행동을 예수님은 다 알고 계셨던 것이다.

예수님은 우리가 하고 있는 모든 섬김과 헌신을 다 알고 계시며, 친히 인정해 주신다. 성경에서 하나님은 언제나 자상하고 섬세하게, 그리고 지극히 작은 선행까지도 구체적으로 나열하며 칭찬해 주신다. 그 대표적인 예가 마가복음에 나타난 동전 두 개를 헌금한 가난한 여인 이야기다.

> 한 가난한 과부는 와서 두 렙돈 곧 한 고드란트를 넣는지라 … 그들은 다 그
> 풍족한 중에서 넣었거니와 이 과부는 그 가난한 중에서 자기의 모든 소유
> 곧 생활비 전부를 넣었느니라 하시니 (마가복음 12:42-44)

예수님은 우리의 수고, 봉사, 헌신을 다 아신다. 그리고 교회를 향한 그 고귀한 마음을 칭찬해 주신다. 따라서 우리의 헌신은 결코 헛것이 아니다.

예수님은 우리가 초지일관 순수하기를 원하신다

예수님은 에베소 교회가 가졌던 처음 사랑을 회복하라는 말씀으로 신앙의 가장 본질적인 회복을 충고하신다. 이것은 2장의 핵심이기도 하다.

> 그러나 너를 책망할 것이 있나니 너의 처음 사랑을 버렸느니라 (요한계시록 2:4)

예수님을 처음 만났던 때의 청순한 초심을 유지하라는 것이다. 처음 교회에 등록했을 때 가졌던 순수한 마음을 붙잡으라는 것이다. 세례를 받았을 때 느꼈던 감동을 간직하라는 것이다. 임직했을 때의 결심을 기억하라는 것이다.

신앙생활의 행복은 처음 마음을 얼마나 잘 유지하느냐에 달려 있다. 처

음 품었던 생각이 곧 주님이 주신 순수한 영성이다. 그것이 변질되지 않게 잘 유지하는 것이 참 믿음이다. 그동안 나름대로 헌신적인 삶을 살아왔다 하더라도, 처음 마음을 잃었다면 그것은 하나님 앞에서 바른 믿음일 수 없다. 주님이 원하시는 것은 초지일관한 순수함이다.

모세골 공동체를 개척한 임영수 목사는 이렇게 경고한다. "섬김이 공적이 될수록 하나님 나라와 점점 멀어지게 된다. 성령님이 떠나시게 된다. 특히 헌신을 희생으로 여기게 될수록 섭섭병에 걸린다. 공로의식을 가질수록 점점 주님이 마음에서 없어진다."

사람은 누구나 초심을 잃으면 자신을 내세우게 되고, 그 부작용으로 신앙생활이 무미건조한 관습에 빠진다. 종교생활에 익숙하게 될 뿐, 성숙하지 못하게 된다. 그저 주일이니까 교회에 가고, 섬겼던 자리니까 별다른 책임감 없이 섬긴다. 가슴에 새겨지는 말씀의 감동 없이 예배를 드리고, 어떠한 도전도 없이 그저 자리를 지키게 된다. 이것이 영적 매너리즘이다. 나는 어떠한가? 과연 얼마나 초지일관 처음 마음을 잘 유지하고 있는가?

예수님은 매우 진지하게 도전하신다.

그러므로 어디서 떨어졌는지를 생각하고 회개하여 처음 행위를 가지라 만일 그리하지 아니하고 회개하지 아니하면 내가 네게 가서 네 촛대를 그 자리에서 옮기리라 (요한계시록 2:5)

순수했던 신앙생활의 처음 행복을 회복하라는 것이다. 본문은 매우 강력한 명령동사 네 개를 사용하여 강조한다.

Remember(회상하고) ⇒ Repent(회개하고) ⇒ Re-do(회복하라) ⇒

if not, Remove(그렇지 않으면 회수하겠다)

처음 사랑 그대로 순수한 신앙생활을 하지 않으면, 모든 은혜와 축복을 회수해 가시겠다는 것이다. 회개하고 회복하지 않으면, 주님은 우리에게 주신 좋은 것들을 회수해 가실 것이다.

그런데 처음 사랑이란 순수성만을 의미하는 것이 아니다. 여기에는 열정도 포함된다. 사람이 옳고 그름을 가려내기 위해 비판적으로 되다 보면, 머리는 커지지만 가슴은 좁아진다. 또 형식적인 제도에 얽매여 교회생활을 하다 보면, 심령이 냉정해지기 쉽다. 이것은 처음 사랑을 잃어버렸을 때 나타나는 현상이다.

따라서 우리는 주님의 경고 음성에 귀를 기울이고, 처음 사랑을 회복해야 한다.

귀 있는 자는 성령이 교회들에게 하시는 말씀을 들을지어다 (요한계시록 2:7)

성경은 언제 어디서든지 희망을 준다. 그리고 더 나은 축복의 회복을 약속한다. 요한계시록 2장과 3장에서는 7번이나 "이기는 사람에게 낙원에 있는 생명나무의 열매를 먹게 하겠다."고 약속한다. 우리가 처음 마음으로 순수하게 신앙생활을 하는 만큼 우리의 미래는 찬란한 영광으로 보장된다.

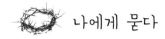 나에게 묻다

하나님을 사랑하고 하나님을 잘 따르는 삶을 살면 신앙생활이 행복해질 수밖에 없다. 그리고 이렇게 행복한 신앙생활을 할 때 초심을 잃지 않게 된다.

당신은 어떠한가? 관습에 빠진 무미건조한 신앙생활을 하고 있지는 않는가? 주일이니까 교회에 가고, 항상 섬겼던 자리니까 별다른 책임감 없이 섬기고 있지는 않는가?

가슴에 새겨지는 말씀의 감동 없이 예배를 드리고, 어떠한 도전도 없이 그저 자리를 지키고 있다면 영적 매너리즘에 빠져 있는 것이다.

우리는 주님의 경고 음성에 귀를 기울이고, 처음 마음을 회복해야 한다.

"당신의 예배에는 감동이 있습니까?"

8 서머나 교회의 사자에게 편지하라

처음이며 마지막이요 죽었다가 살아나신 이가 이르시되

9 내가 네 환난과 궁핍을 알거니와 실상은 네가 부요한 자니라

자칭 유대인이라 하는 자들의 비방도 알거니와

실상은 유대인이 아니요 사탄의 회당이라

10 너는 장차 받을 고난을 두려워하지 말라 볼지어다

마귀가 장차 너희 가운데에서 몇 사람을 옥에 던져 시험을 받게 하리니

너희가 십 일 동안 환난을 받으리라 네가 죽도록 충성하라

그리하면 내가 생명의 관을 네게 주리라

11 귀 있는 자는 성령이 교회들에게 하시는 말씀을 들을지어다

이기는 자는 둘째 사망의 해를 받지 아니하리라

3
CHAPTER

영적 배짱으로
살아가기

한국교회는 순교신앙을 토대로 하고 있다. 기독교는 처음 들어올 때부터 박해 속에서 뿌리를 내렸다. 게다가 일제강점기 때는 일본천황을 숭배하는 신사참배 제도로 많은 그리스도인이 핍박을 받았다. 그리고 이어진 공산정권 수립으로 인해 말로 다 할 수 없는 억압과 핍박을 받으며 수많은 순교자가 배출되었다.

이런 힘들고 고통스러운 환경에서도 믿음의 선배들은 영적 배짱이 상당히 컸다. 이 세상에서의 고난이나 손실은 고통스럽지만, 천국에서의 영광과 상급은 이 땅의 것보다 훨씬 더 크다는 것을 알았기 때문이다. 그래서 그들은 모든 환란과 시련과 역경을 이길 수 있었다. 그런 그들의 신앙은 그야말로 '일사각오(一死覺悟) 신앙'이다.

순교자 주기철 목사를 선두로 수많은 성도들이 담대하게 자신의 믿음을 지키며 살았다. 그들에게는 신앙과 생명을 과감하게 바꿀 줄 아는 용기가 있었던 것이다. 그리고 북한이 공산화되자마자 신앙의 자유를 찾아 혈혈단신으로 월남한 믿음의 사람들은 현실적 편안함이나 이득보다 하나님 나라의 더 큰 상급과 축복을 바라보는 영적 배짱이 있었다. 미래의 영광을 바라보는 종말론적 신앙이 분명했던 것이다.

그들이 오늘의 대한민국을 만든 축복의 씨앗이다. 그분들의 순교적 신앙 덕분에 오늘날 우리가 30배, 60배, 100배의 복을 누리고 있는 것이다. 이런 순교신앙의 영향으로 한국교회의 큰 스승 박윤선 목사는 '죽기내기 신앙으로 살자'는 신념을 외쳤다. 과연 우리는 이런 믿음의 야성을 갖고 살고 있는가?

우리가 가져야 할 행복한 자아상이 있다

서머나 교회는 예수님께 큰 위로와 칭찬을 받은 훌륭한 교회다. 서머나는 터키의 3대 도시 중 하나로, 그리스 시인 호메로스(Homeros)의 고향이기도 하다. 이곳은 학문과 의학의 중심 도시로서 아시아의 면류관으로 불렸다. 그래서 서머나 시민들은 자존심이 굉장히 높았다.

이런 배경으로 그들은 황제숭배에 앞장섰다. 서머나 시민들은 1년에 몇 차례씩 로마 황제를 숭배하는 신전에 가서 절을 하면서 "가이사는 나의 주님이십니다."라고 충성 맹세를 했다. 그러면 로마 당국에서는 그들에게

'황제숭배 증명서'를 발급해 주었다. 여기에 요한계시록 2장 해석의 중요한 실마리가 있다.

이 증명서는 개인의 신분을 보장하는 것으로써, 이것이 있어야 경제활동을 하거나 취직을 하는 등 정상적인 사회생활을 할 수 있었다. 하지만 그리스도인들은 황제숭배를 하지 않았기 때문에 로마 정부로부터 어떤 신분보장 증명서도 발급받지 못했다. 따라서 그들은 아무런 경제활동을 할수가 없었다. 심지어 시장이나 가게에 가서 물건을 구입하는 것도 어려워서 가난하게 살아갈 수밖에 없었다. 요즘 회교국가에서 기독교로 개종하면 불이익을 당하는 것과 비슷하다. 예수님은 믿음을 지키느라 이런 고난을 겪고 있는 서머나 교회 성도들을 따뜻하게 위로해 주셨다.

처음이며 마지막이요 죽었다가 살아나신 이가 이르시되 내가 네 환난과

궁핍을 알거니와 실상은 네가 부요한 자니라 (요한계시록 2:8-9)

여기에서 두 가지 사실에 집중해야 한다. 먼저는, '처음이요 마지막이신 예수님'이다. 우리는 '알파와 오메가'라는 단어를 흔히 사용한다. 시작하신 분이 성부 하나님이라면, 완성하실 분은 성자 하나님이시다. 창세기가 시작이라면 계시록은 완성이다. 창세기가 창조라면 계시록은 새창조다. 다시 말해, 우리가 그리스도인으로 살 때 어떤 손해와 불이익을 당하더라도 결국 예수님이 승리의 축복으로 완성해 주실 것이다. 힘들더라도 이 믿음을 가지고 살 때 주님께서 우리의 삶을 복되게 완성해 주실 것이다.

두 번째는, '죽었다가 다시 살아나신 예수님'이다. 그분은 우리가 믿음을 지키기 위해 잃어버린 모든 것들을 더 큰 축복으로 회복해 주신다. 예수님께서 십자가에 못 박혀 돌아가실 때, 모든 것을 잃으셨다. 심지어 입고 있던 옷자락까지 빼앗기셨다. 그러나 죽었다가 사흘 만에 다시 살아나심으로 모든 것을 회복하셨다. 환희와 부활 승리의 영광으로 더 찬란하게 나타나신 것이다.

살다 보면 예수님을 믿는다는 이유로 여러 가지 제약을 겪게 된다. 올곧은 신앙으로 살다 보면 회사에서 불이익을 당하거나 가난할 수도 있다. 그러나 예수님의 시선이 중요하다. 금세기 최고의 신약학자 중 한 사람인 트렌치(R. C. Trench)는 "하나님의 눈에는 가난한 부자도 있고, 부요한 가난뱅이도 있다."고 했다. 하나님이 보시기에 부자가 되어야 한다. 주님은 우리에게 "너는 가난한 것이 아니라, 부자(You are rich)"라고 말씀하시며 행복한 자화상을 갖게 하신다.

영원을 바라보는 눈을 가져야 한다

그리스도인들은 세상에서 여러 가지 제약을 받을 때가 있다. 남들에 비해 가난하게 살아갈 수밖에 없을 수도 있다. 그러나 주님은 우리를 '부자'라고 칭하신다. 그리고 말씀을 통해 적극적으로 우리를 위로하며 용기를 북돋아 주신다.

> 장차 받을 고난을 두려워하지 말라 볼지어다 마귀가 장차 너희 가운데에서 몇
> 사람을 옥에 던져 시험을 받게 하리니 너희가 십 일 동안 환난을 받으리라 네
> 가 죽도록 충성하라 그리하면 내가 생명의 관을 네게 주리라 (요한계시록 2:10)

성경에서 '열흘'이라는 표현은 아주 짧은 기간(brief time)을 뜻한다(창세기 24:25, 사도행전 25:6). 우리가 누리게 될 영원한 삶에 비하면, 현재의 고난은 아주 짧은 기간에 불과하다는 의미다. 이 땅에서 아무리 오래 고생한다고 해도 100년이면 끝이 난다. 그러나 하나님 나라에서의 영광은 영원하다. 그러니 우리의 시선을 현재의 고난에서 영원한 영광으로 옮기라는 것이다. 고난 중에 있을 때 현실에만 시선을 두면, 중심을 잃게 된다. 그리고 어쩔 수 없이 현실과 타협하며 살아가게 된다. 따라서 우리의 눈을 '지금'이 아니라 '영원'으로 돌려야 승리할 수 있다. 믿음의 선배들은 지금처럼 다양한 성경 프로그램은 없었지만, 영원을 바라보는 눈이 있었다. 종말신앙이 분명했다. 그래서 어떤 고난과 어려움에도 흔들리지 않고, 의연하고 꿋꿋하게 신앙을 지킬 수 있었다.

여기서 예수님은 한 단계 더 나아가 '죽도록 충성하라'고 당부하신다. '죽도록'이라는 말은 '죽는 그 순간에도'라는 뜻이고, '충성하라'는 말은 '확신을 가지고 살라'는 뜻이다. 경제적인 손실이 있고, 사람들에게 무시와 팔시를 받더라도 죽는 순간까지 확실한 믿음을 가지고 버티라는 말씀이다. 그러면 그런 자들에게 '생명의 면류관'을 준다고 예수님은 약속하신다.

이것은 예수님 자신의 간증이다. 예수님은 십자가에 못 박혀 죽는 마지

막 순간에도 하나님 아버지께서 주실 미래의 승리와 영광을 확신하셨다. 그래서 이런 확신의 기도로 십자가 죽음을 마무리하셨다.

아버지 내 영혼을 아버지 손에 부탁하나이다 (누가복음 23:46)

예수님께서는 마지막 죽음의 순간에도 흔들리지 않는 믿음을 표명하셨다. 신앙생활은 희생자(victim)를 낳는 것이 아니다. 오히려 승리자(victor)가 되는 것이다. 서머나 교회의 메시지는 오늘 우리에게 승리자의 영적 배짱을 갖도록 도전한다.

승리와 믿음의 배짱을 가지고 살아가자

바른 신앙을 가지고 살기 위해, 때로는 손실과 어려움과 불이익을 감당해야 한다. 그런 사람들은 반드시 영광스런 승리자가 되며, 상급과 면류관이 주어진다. 여기서 면류관이란 단어는 '스테파노스'인데 최후의 승리자에게 주는 것이다. 성경은 여러 곳에서 승리의 면류관을 약속한다. 기쁨의 면류관, 의의 면류관, 영광의 면류관, 생명의 면류관, 영원한 면류관 등이 그것이다. 본문은 십자가 다음에 받을 면류관을 바라보며 승리의 배짱으로 살아가라는 위로의 메시지다.

그러나 기독교 신앙의 본질은 십자가의 길을 걷는 것이다. 십자가의 협

곡과 터널을 거쳐야 면류관을 받을 수 있다. 욥도 이렇게 고백하지 않았는가?

> 내가 가는 길을 그가 아시나니 그가 나를 단련하신 후에는 내가 순금 같이
> 되어 나오리라 (욥기 23:10)

십자가 없는 면류관은 없음을 명심해야 한다. 우리가 품어야 할 '면류관 인생'의 소망도 십자가의 고난의 길을 당당히 걷겠다는 배짱이 있을 때 가능한 것이다.

서머나 교회 성도들은 믿음을 지키기 위해 경제적인 압박과 불이익도 감수했다. 마치 한국교회의 믿음의 선배들이 신사참배를 거절하거나, 북한이 공산화되었을 때 주일성수를 위해 등교를 거부하거나, 공산당 모임에 나가는 것을 거절한 것과도 같다. 이와 같이 신앙의 지조를 지킨 사람들을 위해서 예수님은 더 큰 승리의 환상을 보여 주신다.

> 이기는 자는 둘째 사망의 해를 받지 아니하리라 (요한계시록 2:11)

예수님을 제대로 믿는 사람은 한 번 죽지, 두 번 죽지 않는다는 말씀이다. 이것이 그리스도인의 미래 영광이다. 세상 사람들은 두 번의 죽음을 겪게 된다. 육체적으로 한 번 죽고, 나중에 예수님이 재림하실 때 영원한 지옥형벌의 죽음을 다시 맞이하게 된다(마태복음 10:28, 요한계시록 20:6,14; 21:18).

그런데 그리스도인은 육체의 죽음 한 번으로 끝난다. 그 이후에는 영원한 승리가 있을 뿐이다.

이천 년 전 터키의 남쪽도시 서머나 교회 성도들은 훌륭한 신앙심을 가지고 살았다. 그래서 요한계시록에 등장하는 일곱 교회 중 유일하게 서머나 교회만 아직도 건재해 있다. 소아시아의 다른 여섯 교회는 회교권의 세력으로 다 무너졌다.

서머나 교회는 사도 요한의 대를 이어 폴리갑(Polycarp) 목사가 후계자가 되었다. 그도 스승 요한처럼 죽을 때까지 흔들리지 않는 굳건한 믿음, '죽기내기 신앙'으로 교회를 지켰다. 그 결과 서머나 교회는 지금까지 살아 있다. 현재 도시 이름이 '이즈미르'인데, 이곳은 회교국가인 터키에서 복음화율이 가장 높은 지역이다. 요한계시록 2장 10절에서 예수님이 약속하신 그대로 '생명의 면류관'을 누리고 있는 것이다. 놀라운 축복이 아닐 수 없다. 지금도 수많은 성지 여행자들이 서머나 교회를 방문해서 순교의 영성에 큰 감동을 받고 있다. 나는 그곳으로 성지순례를 가면 서머나 교회를 꼭 들러서 폴리갑 목사가 설교했던 강대상에 올라가 두 손을 들고 기도하곤 한다. 그러면 성령의 감동을 느낄 수 있다.

사도 요한의 수제자로 서머나 교회의 담임목사가 된 폴리갑이 86세가 되었을 때, 서머나의 총독이 지금이라도 늦지 않았으니 신앙을 포기하라고 회유한 일이 있었다. 그때 그는 이런 말을 했다. "예수님은 지난 86년 동안 단 한 번도 나를 서운하게 하신 적이 없습니다. 그러니 나도 그분을 서운하게 해 드릴 수 없지요."

그가 주후 155년 2월 23일 토요일, 원형극장에서 11명의 성도와 함께 순교하러 들어갈 때 하늘에서 이런 음성이 들렸다고 한다. "폴리갑아, 굳세어라. 그리고 남자답게 싸워라!" 그는 주님이 함께하심을 확신하였기에 화형을 당하면서도 결코 굽히거나 약해지지 않고, 끝까지 믿음을 지켰다. 오늘 우리도 초대교회 성도들과 같은 영적 배짱과 야성을 가지고 살아가기를 소망한다. 순교자적인 믿음의 야성을 가지고 살아가는 만큼 하늘의 위로와 상급이 주어질 것이다.

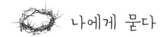 나에게 묻다

내가 가는 길을 그가 아시나니 그가 나를 단련하신 후에는 내가 순금 같이 되어 나오리라 (욥기 23:10)
바른 신앙을 가지고 살기 위해서는 때로는 손실과 어려움과 불이익을 감당해야 한다. 그런 사람들은 반드시 영광스런 승리자가 되며, 상급과 면류관이 주어진다. 하나님은 우리에게 승리의 배짱을 가지고 살아가라는 위로의 메시지를 전해 주신다. 지금 당신은 예수님으로 인해, 신앙을 지키기 위해 힘들고 고된 고난 중에 있는가? 모든 것을 놓고 싶은 갈등 중에 있는가?
하나님은 처음부터 지금까지 당신의 손을 놓지 않고 계신다. 앞으로도 당신을 지켜 주실 것이며 당신이 상상할 수도 없는 영광의 면류관과 상급을 주실 것이다.

"예수님으로 인해 핍박받는 부분이 있습니까?
당신은 그런 상황에서 신앙을 지키고자 어떤 노력을 하고 있습니까?"

12 버가모 교회의 사자에게 편지하라

좌우에 날선 검을 가지신 이가 이르시되

13 네가 어디에 사는지를 내가 아노니 거기는 사탄의 권좌가 있는 데라

네가 내 이름을 굳게 잡아서 내 충성된 증인 안디바가 너희 가운데 곧

사탄이 사는 곳에서 죽임을 당할 때에도

나를 믿는 믿음을 저버리지 아니하였도다

14 그러나 네게 두어 가지 책망할 것이 있나니

거기 네게 발람의 교훈을 지키는 자들이 있도다

발람이 발락을 가르쳐 이스라엘 자손 앞에 걸림돌을 놓아

우상의 제물을 먹게 하였고 또 행음하게 하였느니라

15 이와 같이 네게도 니골라 당의 교훈을 지키는 자들이 있도다

16 그러므로 회개하라 그리하지 아니하면

내가 네게 속히 가서 내 입의 검으로 그들과 싸우리라

4

CHAPTER

흰옷 입은
승리자

몇 년 전 미국에서 뜻밖의 흥행기록을 세운 감동적인 영화 한 편이 있다. 한국에는 '용기와 구원'이라는 이름으로 소개된 'Courageous'이다. 내용은 단순하다. 히스패닉계인 '하비'는 직장을 잃고 가족을 부양하기 위해 이리저리 전전긍긍한다. 어느 날 어렵게 얻은 직장에서 생산물량 재고와 발송 업무를 담당할 매니저 자리를 제의받게 된다. 그런데 장부에 허위 보고서를 기재하라는 부정직한 업무도 함께 받아들여야 하는 결탁조건이 포함되어 있었다. 그의 아내는 남편이 그리스도인의 양심을 따라 그 조건을 거부하게 되면, 가정생활에 큰 타격을 받게 될 것을 알기에 현실과 타협하라고 설득한다. 사랑하는 아내가 또다시 궁핍한 시절로 돌아가고 싶지 않다고 하소연하며 눈물 흘리는 애잔한 모습을 보며 그는 고민에 빠진다.

그러나 순수하고 신실한 신앙을 가진 하비는 결국 사장을 찾아가 용감하게 매니저 자리를 거절한다. "저는 하나님과 가족의 명예를 실추시킬 수 없습니다." 그러자 사장은 예상 밖의 반응을 보인다. 그리스도인답게 신앙의 양심을 지키고자 부정한 행위에 타협하지 않는 그의 용기를 높이 칭찬하면서 이렇게 축복한다. "자네는 신실한 신앙을 잘 지켰네. 우리는 당신같이 믿을 수 있는 사람이 필요하네."

아스클레피온의 유혹

신앙생활의 기준을 분명히 정하고 기준에 벗어난 것과는 타협하지 않는 정신, 이것이 바로 버가모 교회의 이야기다. 소아시아의 수도에 해당하는 버가모에는 20만 권의 장서를 보유한 방대한 도서관이 있었다. 이집트의 알렉산드리아 도서관 다음으로 큰 도서관이었다. 이런 방대한 도시 구조의 핵심부에는 높이가 12m나 되는 거대한 제우스 신전이 있었다. 이것을 본문 13절에서는 '사탄의 권좌'가 있는 곳이라고 표현한다.

이런 도시 환경과 함께 그곳에는 세계에서 두 번째로 널리 알려진 의료 센터가 있었다. 아스클레피온(Asclepion)이라고 불리는 신전이었다. 요즘 말로 표현하자면, '전인치유 센터'라고 할 수 있다. 이곳은 주전 400년부터 주후 400년까지 소아시아 지역에서 가장 병을 잘 고치는 병원으로 알

려졌다. 여기서 주로 행해진 치료요법은 진흙 목욕요법, 음악치료, 명상요법, 식이요법, 운동요법, 심리요법, 신앙을 통한 치유요법 등이다. 특히 여기에는 히포크라테스 다음으로 유명한 갈렌이라는 의사가 있었는데, 해부학으로 유명한 의사였다. 그래서 수많은 사람들이 버가모로 몰려왔다.

예전에 이 장소를 직접 가 본 적이 있다. 아직도 유적지로 남아 있는 아스클레피온 신전 뜰을 거닐어 보면, 당시의 상황을 짐작할 수 있다. 병원 진입로에는 800m에 달하는 대리석이 깔린 길이 있다. 병을 고치기 위해 사람들은 맨발로 엄숙하고 경건하게 이 길을 걸어서 병원으로 들어간다. 신전 뜰 중앙에는 온천수가 솟아오르고 있어 환자들은 그 온천수로 목욕을 한다. 그 다음 단계로 지하 터널로 된 치료실을 지나가게 된다. 80m나 되는 지하 터널을 조용히 걸어가게 되면 치료실 위쪽으로 난 창문에서 의사들이 "네 병은 곧 낫는다. 나을 수 있다."고 말을 해 준다. 일종의 심리치료다. 그렇게 치료실을 나오면 이번에는 극장으로 들어가서 음악을 듣는다. 그때부터 음악치료가 시행되었던 것이다. 그리고 마지막 단계로 의료와 치유의 신이라고 불리는 '아스클레피온' 앞에 가서 기도를 하고 서약을 한다. 이곳에 모인 사람들은 병 고침을 받기 위해 온 사람들이기 때문에 이 신을 가리켜서 '구주'라고 부른다. 이 신의 상징은 뱀인데, 그 뱀을 자신의 병을 치유해 주는 구주로 신봉하는 것이다. 그래서 병 치료를 받기 원하는 사람들에게서 뱀 숭배가 성행하게 되었다. 오늘날 군대 의무대의 상징이 뱀인 것은 여기에서 유래되었다고 한다.

병을 치료하기 위해 아스클레피온 병원에서 다양한 요법을 따르는 것은 수용할 수 있는 일이었다. 하지만 마지막 단계에서 뱀의 형상으로 만들어진 아스클레피온 신 앞에서 그를 구주로 숭배하는 것은 그리스도인으로서 바람직하지 못한 일이었다.

이것이 버가모에 사는 그리스도인들의 딜레마였다. 병을 치료하기 위해 아스클레피온 신전에 간 그들은 어디까지 타협해야 할지 큰 고민이었다. 하지만 그들 중에는 '안디바' 같은 성도가 있었다. 그는 아무리 병에서 나을 수 있다고 해도 우상을 숭배하는 것과는 도저히 타협할 수 없다고 여겨 죽음을 선택했다.

> … 네가 내 이름을 굳게 잡아서 내 충성된 증인 안디바가 너희 가운데 곧 사탄이 사는 곳에서 죽임을 당할 때에도 나를 믿는 믿음을 저버리지 아니하였도다 (요한계시록 2:13)

어쩌면 그는 "아스클레피온은 치료의 신이 아닙니다!" 또는 "제우스는 우리의 구주가 아닙니다!"라고 외쳤기에 순교를 당했을 것이다. 자신의 신실한 믿음을 저버리지 않으려고 죽음을 선택한 것이다. 그래서 '충성된 증인'이라는 호칭을 붙여준 것이다. 또 다른 번역본(KJV)에서는 그를 '신실한 순교자'라고 표현한다.

타협을 바라보시는 하나님의 시선

타협하지 않는 신앙적 결단은 결코 쉬운 일이 아니다. 우리가 살고 있는 이 시대는 많은 타협을 요구한다. 여러 가지 현실적인 상황 때문에 타협하지 않고 살기가 어렵다. 우리는 어쩔 수 없이 사업 현장이나 직장생활에서 타협하는 일들이 많다. 그래서 성경은 신앙생활의 기준을 분명히 하여 타협하지 않는 삶에 대해 지침을 주고 있다.

미국교회의 지도자 찰스 스윈돌 목사님은 타협의 본질에 대해 몇 가지로 정리한다.

첫째, 타협은 결코 순식간에 일어나는 일이 아니다.

둘째, 타협은 언제나 본래의 기준을 낮추고 포기하게 한다.

셋째, 타협은 결코 반감을 불러일으키지 않는다. 오히려 융통성이 있는 자라고 좋아한다.

넷째, 타협은 결국 신앙을 포기하는 첫걸음이 된다.

버가모 교회 안에도 현실적인 문제 때문에 타협하는 신앙을 은근히 부추겼던 두 부류의 사람들이 있었다. 바로 '발람의 가르침을 따르는 자들'과 '니골라당의 가르침을 추종하는 자들'이다.

> 그러나 네게 두어 가지 책망할 것이 있나니 거기 네게 발람의 교훈을 지키
> 는 자들이 있도다 발람이 발락을 가르쳐 이스라엘 자손 앞에 걸림돌을 놓아
> 우상의 제물을 먹게 하였고 또 행음하게 하였느니라 이와 같이 네게도 니골

'발람의 가르침을 따르는 자들'은 구약 민수기에 등장한다. 그들은 돈 때문에 하나님을 배반한 사람들이다. 또 '니골라당의 가르침을 추종하는 자들'은 예루살렘 교회에서 선출된 첫 번째 일곱 집사 중 한 사람인 니골라에 의해 생긴 잘못된 파당이다. 그들은 헬라 철학자 에피쿠로스가 내세운 쾌락주의를 따라 '영혼만 깨끗하면 되지, 육체는 어떻게 살아도 괜찮다'고 주장했다. 이것을 '영지주의'라고 부른다. 이러한 이단적 사상이 한국교회에 침투하여 '구원파'라는 사이비가 나오게 되었다.

이처럼 세상은 우리로 하여금 '돈과 향락' 때문에 신앙의 문제 앞에서 타협하도록 유혹한다. 먹고살기 위해서는 현실적으로 어쩔 수 없다는 핑계를 대도록 하는 것이다. 그래서 많은 그리스도인들이 직장에서의 승진, 사업의 번창 때문에 신앙적 기준을 포기하고 세상과 타협하며 살아간다.

이에 대해 예수님은 아주 엄중하게 말씀하신다.

그러므로 회개하라 그리하지 아니하면 내가 네게 속히 가서 내 입의 검으로 그들과 싸우리라 (요한계시록 2:16)

우리가 현실적인 문제로 핑계를 대는 것에 대하여 말씀의 잣대로 엄중하게 평가하시겠다는 하나님의 선언이다. 히브리서 4장 12절 말씀 그대로, "하나님의 말씀은 살아 있고 활력이 있어 좌우에 날선 어떤 검보다도 예리하여 혼과 영과 및 관절과 골수를 찔러 쪼개기까지 하며 또 마음의 생각과 뜻을 판단"한다. 우리는 내 입장, 내 상황, 내 처지로 여러 가지 이유를 댈 수 있지만, 하나님의 말씀은 우리 마음에 품은 생각과 의도를 밝혀내신다.

승리의 약속을 기억하라

하나님은 우리가 어떤 상황 속에서도 '하나님의 말씀'이라는 분명한 기준으로 살아가기를 바라신다. 그리고 우리가 신앙생활의 분명한 기준을 가지고 사는 만큼 승리할 수 있다고 약속하신다.

> 이기는 그에게는 내가 감추었던 만나를 주고, 또 흰 돌을 줄 터인데 그 돌 위에 새 이름을 기록해주리라 (요한계시록 2:17)

여기에 기록된 '감추었던 만나'는 하나님 나라에서의 풍성한 축복을 의미한다. 타협하지 않는 삶으로 인해 우리가 손해 본 것에 대하여 하나님께서 반드시 갚아 주신다는 보장이다. 그리고 '흰 돌 위에 새 이름을 기록해준다'는 것은 승리자가 누리는 명예를 뜻한다. 중동지방에서는 재판관이 판결을 내릴 때 까만 돌을 던지면 유죄 선언이고, 흰 돌을 던지면 무죄를 의미했다. 그리고 죄수들이 경기장에서 맹수와 싸워 이기면, 심판관은 그의 이름을 새긴 흰 돌을 던져주므로 자유인이 되게 했다.

이처럼 하나님은 우리가 신앙생활에서 승리자가 되기를 원하신다. 그래서 요한계시록 결론에서는 승리를 이룬 이러한 성도들을 '흰옷 입은 자'라고 높여 주며(19:8-14), 흰 보좌에 앉을 것이라고 칭찬하신다(20:11).

신앙생활의 기준을 분명히 하는 것이 때로 어려울 수 있다. 신앙의 양심에 어긋나는 것을 알지만, 현실의 문제 때문에 마음이 흔들릴 수도 있다. 가까운 사람이, 사랑하는 사람이 세상과 타협하라고 부추길 수도 있다. 하지만 세상과 타협하지 않고 사는 만큼 우리는 흰옷 입은 승리자가 된다. 천국의 흰 보좌에 앉는 승리의 영광을 누리게 될 것이다.

나에게 묻다

우리가 살고 있는 이 시대는 많은 타협을 요구한다. 여러 가지 현실적인 상황 때문에 타협하지 않고 살기가 어렵다. 그래서 우리는 어쩔 수 없이 학교나 직장에서 타협하는 일이 많다.

하나님은 우리가 어떤 상황 속에서도 '하나님의 말씀'이라는 분명한 기준으로 살아가기를 바라신다. 그리고 우리가 신앙생활의 분명한 기준을 가지고 사는 만큼 승리할 수 있다고 약속하신다.

신앙생활의 기준을 분명히 하는 것이 때로 어려울 수 있다. 신앙의 양심에 어긋나는 것을 알지만, 현실의 문제 때문에 마음이 흔들릴 수도 있다. 친구나, 가족이 세상과 타협하라고 부추길 수도 있다. 하지만 그런 순간마다, 흰옷 입은 승리자가 되는 환상을 그려 보자.

"이 정도는 괜찮다며 스스로 위로하고 있는 모습이 있습니까?"

18 두아디라 교회의 사자에게 편지하라 그 눈이 불꽃 같고

그 발이 빛난 주석과 같은 하나님의 아들이 이르시되

19 내가 네 사업과 사랑과 믿음과 섬김과 인내를 아노니

네 나중 행위가 처음 것보다 많도다

20 그러나 네게 책망할 일이 있노라

자칭 선지자라 하는 여자 이세벨을 네가 용납함이니

그가 내 종들을 가르쳐 꾀어 행음하게 하고 우상의 제물을 먹게 하는도다

21 또 내가 그에게 회개할 기회를 주었으되

자기의 음행을 회개하고자 하지 아니하는도다

22 볼지어다 내가 그를 침상에 던질 터이요

또 그와 더불어 간음하는 자들도

만일 그의 행위를 회개하지 아니하면 큰 환난 가운데에 던지고

23 또 내가 사망으로 그의 자녀를 죽이리니

모든 교회가 나는 사람의 뜻과 마음을 살피는 자인 줄 알지라

내가 너희 각 사람의 행위대로 갚아 주리라

5
CHAPTER

끝까지
버티기

사업하는 사람들의 이야기를 듣다 보면 절로 머리가 숙여진다. 특히 대기업을 상대로 비즈니스를 이끌어 간다는 것은 다윗과 골리앗의 결투와도 같기 때문에, 달걀로 바위를 깨려는 일이라고 볼 수 있다. 대기업은 주요 부품 사업을 혈족들에게 분배하여 알짜배기 이익창출을 공유한다. 노른 자 사업은 대기업이 다 차지하고, 힘들고 어려운 분야만 중소기업들에게 아웃소싱을 준다. 그러다 보니 중소기업은 충분한 이득을 남기기 어려울 뿐만 아니라 동시에 모든 위험 부담을 안고 가야 하는 현실이다. 또한 모든 계약이 갑과 을의 관계로 이루어지기 때문에 중소기업에서 창의적인 제품이 개발되면 어느 시점에 가서는 대기업에서 빼앗아가 버리고 만다.

이런 상황에서 근본적으로 풀어야 할 중요한 과제는 바로 '접대 문화'이다. 거래를 성사시키기 위해서는 상대방이 요구하는 여러 조건을 들어주어야 한다. 특히 주일에 더 활발하게 접대를 해야 될 때가 많다. 그리스도인으로서 수용할 수 없는 일이 많아질 수밖에 없다.

예수님은 이 문제에 대해 매우 적나라하게 언급하고 계신다. 우리의 생계와 연관되는 문제이기 때문에 가장 긴 내용의 메시지를 주신다. 일곱 교회 중에서 두아디라 교회가 가장 작은 교회임에도 불구하고, 편지의 내용은 가장 긴 이유가 바로 그것이다.

합리화, 정당화, 묵인의 죄

두아디라 도시는 청동산업, 도기산업, 피혁산업, 의류사업이 번창한 상업도시였다. 사도행전 16장에 소개되는 패션의류 사업가 루디아가 바로 이곳 출신이다. 이 도시에는 상공업자들이 상호부조적인 동업관계를 이루기 위해 길드(Guild)를 조직했다. 길드는 사업가들끼리 상부상조하기 위한 시스템으로 서유럽 봉건사회에서 시작한 동업자 조직이다. 따라서 길드의 정회원이 되지 못하면 사업이 힘들 수밖에 없었다.

문제는 여기서부터 시작됐다. 사업을 이끌어가기 위해서는 길드에 속해야 했는데, 그리스도인에게는 두 가지 큰 난제가 있었다. 첫째, 길드에 가입한 회사는 1년에 몇 차례씩 신전에 가서 함께 고사를 지내야 했다. 길드가 두아디라 도시의 수호신을 숭배했기 때문이었다. 둘째, 회사 대표자들은 고사를 지낸 후에 함께 회식을 하고, 그 후에는 매춘가로 갔다. 당시

퇴폐적인 로마문화의 한 부분이던 '성창'에 있는 여인들과 성적으로 부도덕한 행위를 했다.

예수님을 주님으로 모시고 사는 그리스도인은 아무리 사업이 번창하는 것이 중요하고, 사업가들과 인맥을 구축하는 것이 필요하다고 해도 신앙적인 양심에 어긋나는 삶을 살 수는 없었다. 그런데 두아디라 교회 안에는 이런 부도덕한 삶을 은근히 옹호하고 부추기는 사람들이 있었다. 그들은 사업 활동을 빌미삼아 부도덕하게 사는 것을 합리화하고, 정당화했다.

> 그러나 네게 책망할 일이 있노라 자칭 선지자라 하는 여자 이세벨을 네가
>
> 용납함이니 그가 내 종들을 가르쳐 꾀어 행음하게 하고 우상의 제물을 먹게
>
> 하는도다 (요한계시록 2:20)

여기에 등장하는 이세벨은 구약시대에 바알 우상을 숭배하여 이스라엘 민족을 타락으로 이끈 악한 여인이다(열왕기상 16:31).

우리 주변에도 이와 비슷한 그리스도인이 많다. 그들은 사업 성취와 목표 달성을 위해서는 신앙적인 양심도 무시하며, 물불을 가리지 않고 세상과 야합하며 살아간다. 또한 누군가가 분명히 잘못 살고 있는데도 눈을 감아 주고, 방치한다. 심지어 그를 옹호하고 묵인해 줌으로써 타락을 부추긴다.

예수님의 경고를 기억해야 한다

예수님은 이런 부도덕과 건전하지 못한 삶에 대해 매우 단호하게 책망하신다. 아무리 사업이 성공하여 돈을 많이 벌어도, 하나님께서 기뻐하지 않으시는 방법으로 이룬 것이라면 가차 없이 심판하시겠다는 경고의 메시지다.

> 볼지어다 내가 그를 침상에 던질 터이요 또 그와 더불어 간음하는 자들도 만일 그의 행위를 회개하지 아니하면 큰 환난 가운데에 던지고 또 내가 사망으로 그의 자녀를 죽이리니 모든 교회가 나는 사람의 뜻과 마음을 살피는 자인줄 알지라 내가 너희 각 사람의 행위대로 갚아 주리라 (요한계시록 2:22-23)

그들을 향한 심판은 세 가지로 이루어진다. 첫째, '그를 침상에 던진다'는 표현은 그를 병들어 눕게 하시겠다는 뜻이다. 우리 주변에도 직장생활에서의 비즈니스를 빌미로 마시는 술 때문에 병드는 사람들이 꽤 있다. 둘째, '큰 환난에 던진다'는 것은 직장에서 큰 악운을 만나게 하겠다는 심판의 경고다. 어떤 경우에는 멀쩡하게 흑자부도를 맞아 큰 낭패를 당하게 된다. 셋째, '자녀들을 사망으로 죽일 것'이라는 표현은 그가 부정하게 벌어놓은 돈이나 재산이 그의 자녀에게 가지 못하도록 하시겠다는 뜻이다. 타락한 돈으로 자녀를 축복하지 않으신다는 것이다. 한마디로 신앙적인 양심을 버리고 세상과 야합하여 버는 돈은 결국 다 빼앗기고 만다는 경고다.

서양 속담에 '수의에는 주머니가 없다'는 말이 있다. 아무리 많은 재산을 축적해 놓는다 하더라도, 하나님이 지켜 주지 않으시면 한순간에 물거품으로 끝나 버린다. 하나님은 깨끗한 돈만 기뻐하시고, 지켜 주신다. 그러므로 우리가 그리스도인답게 살아가기 위해서는 바른 믿음, 바른 신앙을 끝까지 지키고 살아가야 한다. 그래서 주님은 이렇게 당부하신다.

다만 너희에게 있는 것을 내가 올 때까지 굳게 잡으라 (요한계시록 2:25)

타락하고 부패한 세상에서 그리스도인답게 살기 어렵더라도 올곧은 신앙으로 끝까지 버티며 나아가라는 것이다. 현대적으로 말하자면 사업적 인맥을 넓히기 위해 각 대학에서 주도하는 CEO 과정에 등록하여 공부하거나 라이온스클럽과 같은 단체에 가입하여 열심히 활동하는 사람들이 있다. 그런데 예수 믿는 신자답게 결코 술자리나 부도덕한 자리에 어울리지 않으면서 자신의 신앙을 굳게 지켜 나간다면 얼마나 존경스럽겠는가?

바른 신앙을 지켜야 한다

2장에 나타나는 흥미로운 표현 중 하나는 예수님에 대한 표현이다. 두아디라 교회에게 말씀하시는 예수님은 '하나님의 아들'로 등장한다.

두아디라 교회의 사자에게 편지하라 그 눈이 불꽃 같고 그 발이 빛난 주석
과 같은 하나님의 아들이 이르시되 (요한계시록 2:18)

요한계시록에서는 단 한 번 사용된 표현이다. 예수님은 하나님의 아들로서 이 세상에 내려와 우리와 똑같은 세속생활을 경험하신 분이다. 타락한 세상에서 우리와 동일하게 사셨지만, 예수님은 순결한 신앙을 지켜 내셨다. 그래서 우리에게도 바른 믿음, 바른 신앙을 끝까지 유지하라고 당부하신다. 그리고 그런 삶의 결과로 예수님처럼 승리의 보상과 영광을 누리게 될 것이라는 확신을 주신다.

이기는 자와 끝까지 내 일을 지키는 그에게 만국을 다스리는 권세를 주리니
(요한계시록 2:26)

끝까지 버티는 자에게는 반드시 보상해 주시겠다는 약속이다. 그러면서 우리를 하늘나라 상급의 절정 단계로 이끌어 주겠다고 약속하신다.

내가 또 그에게 새벽 별을 주리라 (요한계시록 2:28)

말씀에 등장하는 '새벽 별'은 예수님 자신이다. 깜깜한 어둠을 몰아내고 환한 빛을 비춰 주신다. 이것은 우리를 밝은 미래로 이끌어 가시겠다는 상징적인 메시지다. 황홀한 상급이고 최고의 영광이다.

예수님은 두아디라 교회 성도들을 칭찬하고 격려해 주셨듯이 우리에게
도 승리하는 신앙을 요구하시며, 어두운 현실에서도 미래의 희망을 보장
해 주겠다고 약속하셨다. 이것이 요한계시록에서 17번이나 반복되는 '니
카오 신자(승리하는 신자)'의 축복이다.

> 내가 네 사업과 사랑과 믿음과 섬김과 인내를 아노니 네 나중 행위가 처음
>
> 것보다 많도다 (요한계시록 2:19)

우리도 처음보다 더 나아지고 향상되는 신앙생활을 해야 한다. 어떠한
어려운 여건에서도 고결한 신앙으로 끝까지 버티며 나가면, 우리의 미래는
더욱 희망적일 것이다.

한국교회의 큰 스승이신 박윤선 목사님은 이렇게 말씀하셨다. "믿음으
로 살려는 자에게는 어렵지 않은 일이 없으나, 되지 않는 일도 없다."

믿음을 지키며 살아가는 것이 쉬운 일은 아니다. 하지만 할 수 있다. 그
리고 그 끝에는 예수님이 약속하신 큰 상급이 있다. "승리하는 모든 사람,
끝까지 버티는 자에게는 내가 새벽별을 줄 것이다."

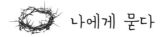 나에게 묻다

세상 사람들은 사업 성취와 목표 달성을 위해서는 신앙적인 양심도 무시하며, 물불을 가리지 않고 세상과 야합하며 살아간다. 또한 누군가가 분명히 잘못 살고 있는데도 눈을 감아 주고, 방치한다. 심지어 그를 옹호하고 묵인해 줌으로써 타락을 부추기기도 한다.

예수님은 하나님의 아들로서 이 세상에 내려와 우리와 똑같은 세속생활을 경험하신 분이다. 하지만 예수님은 끝까지 순결한 신앙을 지켜 내셨다. 그래서 우리에게도 바른 믿음, 바른 신앙을 끝까지 유지하라고 당부하신다.

믿음을 지키며 살아가는 것이 쉬운 일은 아니다. 그렇지만 그 끝에는 예수님이 약속하신 큰 상급이 있음을 기억하라.

"타협의 유혹과 핍박 가운데 믿음을 지키며 살고 있습니까?"

1 사데 교회의 사자에게 편지하라

하나님의 일곱 영과 일곱 별을 가지신 이가 이르시되

내가 네 행위를 아노니 네가 살았다 하는 이름은 가졌으나 죽은 자로다

2 너는 일깨어 그 남은 바 죽게 된 것을 굳건하게 하라

내 하나님 앞에 네 행위의 온전한 것을 찾지 못하였노니

3 그러므로 네가 어떻게 받았으며 어떻게 들었는지 생각하고 지켜 회개하라

만일 일깨지 아니하면 내가 도둑 같이 이르리니

어느 때에 네게 이를는지 네가 알지 못하리라

4 그러나 사데에 그 옷을 더럽히지 아니한 자 몇 명이 네게 있어

흰 옷을 입고 나와 함께 다니리니 그들은 합당한 자인 연고라

5 이기는 자는 이와 같이 흰 옷을 입을 것이요

내가 그 이름을 생명책에서 결코 지우지 아니하고

그 이름을 내 아버지 앞과 그의 천사들 앞에서 시인하리라

6

방심에서
각성으로

어떤 사람이 고향에서의 어린 시절이 생각나서 닭 한 마리를 사 왔다. 새벽마다 구성진 목소리로 잠을 깨워 주는 닭의 울음소리를 듣고 싶었기 때문이었다. 주상복합 고급아파트 수준에 맞게 닭장도 고급자재로 만들고, 안락한 시설을 잘 갖추어 주었다. 물과 먹이도 자동시스템으로 설치해 주며, 최상의 환경을 조성해 주었다. 그런데 그 닭이 도대체 울지를 않는 것이었다. 그는 닭 장사를 찾아가 따져 물었다. "내가 웃돈까지 주면서 잘 우는 닭을 달라고 부탁했는데, 왜 울지 않습니까?" 그러자 닭 장사가 물었다. "닭장은 잘 만들어 주었습니까? 낮과 밤의 조명 시스템이나 냉난방도 잘 갖추어 주었나요? 모이나 물도 정확하게 주고 계십니까?" 주인은 더욱 열을 내며 대답했다. "모든 시스템은 내가 사는 고급 아파트보다 더 나은 수준입니다. 여름에는 시원하고, 겨울에는 따뜻하도록 자동 온도

조절 장치를 해 두었고, 물과 모이도 자동으로 나오도록 첨단시설을 해 주었습니다." 그러자 닭 장사는 이렇게 말했다. "그 닭이 뭐가 아쉬워서 울겠습니까?"

풍요가 놓은 덫

이것이 사데 교회의 이야기이자, 현대 교회의 이야기다. 사데 교회는 다른 교회들과 달리 환난이나 박해가 없었다. '사데'라는 도성 자체가 지정학적으로 천혜의 요새에 해당하는 난공불락의 도시였다. 삼면이 450m의 절벽으로 되어 있어 모든 시민이 안전하게 살고 있었다. 거기다가 농산물이 풍부하고, 사금까지 채취되어 아시아에서 최초로 금속화폐인 동전이 주조된 금융도시이기도 했다. 따라서 도시 전체가 경제적으로 부유했다.

그동안 우리가 살펴본 여러 교회들과는 달리 이단으로 인한 어려움이나 교회 내의 분쟁도 없고, 모든 것이 넉넉하고 풍부했다. 그러다 보니 교인들에게는 어떤 긴장이나 위기의식이 전혀 없었고, 그야말로 무사안일주의로 신앙생활을 하고 있었다. 그래서 주님은 그들에게 도전의 말씀을 주셨다.

네가 살았다 하는 이름은 가졌으나 죽은 자로다 (요한계시록 3:1)

겉으로 보기에는 모든 것이 풍부하고 훌륭한 교회처럼 보였으나, 내면은 '죽은 교회'와 같다는 것이다. 더 객관적으로 말하면, 그들은 신앙생활을 하고 있었다기보다는 종교생활을 하고 있었다.

출애굽기를 보면 이 말씀을 더 깊게 이해할 수 있다. 이집트는 풍요롭기 때문에 신화를 만들고, 이스라엘은 험난한 광야 인생길에서 끊임없이 신앙을 성장시킨다. 환경이 좋아지고 여유가 생기면 신앙의 역동성을 잃을 수 있다. 자칫 잘못하면 어느 순간부터 내실 없는 껍데기 신앙으로 퇴락하고 만다. 주일마다 교회에 나와 예배를 드리고, 새벽 예배까지 나오지만, 과연 우리에게는 살아있는 신앙이 있는가? 신앙생활이 아닌, 종교생활을 하고 있는 것은 아닌가?

인생의 아픔과 시련을 잘 이겨내신 어느 목사님의 고백을 귀담아 명심해 보자. "풍요는 신화를 만들고, 광야는 신앙을 만든다."

그렇다면 어떻게 신앙생활을 해야 방심하지 않고, 늘 깨어서 살아갈 수 있을까? 하나님은 사데 교회에게 주시는 메시지를 통해 말씀하신다.

신앙생활의 생기가 죽지 않도록 긴장하고 살아야 한다

신앙생활을 하다 보면 자신도 모르는 사이에 형식주의와 매너리즘에 빠질 수 있다. 신앙의 내실은 점점 없어지고 껍데기만 남을 수 있다.

"네가 살았다 하는 이름은 가졌으나, 실상은 죽은 자로다(요한계시록 3:1)"

에서 '이름'(onoma)은 '평판'이라는 뜻이다. 나의 신앙생활에 대한 주변 사람들의 평판은 어떨 것 같은가? 우리는 언제라도 '여전히 초심을 잃지 않고, 역동적인 신앙생활을 하고 있는 사람'이라는 평판을 들으며 살 수 있어야 한다.

스위스의 정신과 의사였던 폴 투르니에(Paul Tournier)는 "신앙의 가장 큰 장애물은 겉모양의 신앙이다."라고 지적한다. 외형, 의식, 종교, 관습, 전통, 예배 등은 있으나 실제의 내용과 본질이 결핍된 교회생활만 하는 사람이 많을 수 있다는 것이다.

알버트 슈바이처(Albert Schweitzer) 박사는 현대 크리스천을 이렇게 비유한다. "아프리카에는 물 없는 강이 많다. 모래 언덕 사이로 겨우 명맥을 유지하며 흘러가는 강물을 보면 강이라는 이름을 붙이기도 민망할 만큼 초라하고 비참하다. 오늘날 크리스천들도 물 없는 강처럼 억지로 흘러가는 신앙생활, 메마른 정신, 형식과 전통만 겨우 유지하는 교회를 많이 본다." 강물 없는 사막처럼 심령이 메마르고 생기가 없는 교인이 꽤 많다. 그래서 주님은 우리에게 이렇게 각성시켜 주신다.

내 하나님 앞에 네 행위의 온전한 것을 찾지 못하였노니 (요한계시록 3:2)

여기에 나타난 '온전하다고는 생각하지 않는다'는 말은 '속이 비어 있다'는 뜻이다. 원래 헬라어로는 비어 있는 '조개껍질'을 뜻한다. 개천이나 바다에서 조개를 잡을 때 어떤 것들은 속이 비어 있다. 이미 죽은 것이다.

내용이 아무 것도 없는 속빈 강정과 같다. 성령 없이 사는 것도 마찬가지다. 성령 없이 살수록 내면세계는 텅 비게 된다. 영혼 속에 생명이나 생기가 없게 된다. 그래서 '영혼 없는 배우'처럼 살아가게 된다. 예배도 드리고, 헌금도 하고, 봉사도 하고, 찬양도 부르고, 활동도 하지만, 그 심령 속에는 기쁨이나 생기가 없다. 그 어떤 감동이나 영성이 없다. 성령의 은혜가 없다. 그냥 무미건조하게 교회생활을 하는 것이다.

하지만 그 반대도 있다. 스스로는 살아 있다고 말하지만 실제로는 죽은 신앙인이 될 수 있는가 하면, 사도 바울의 간증처럼 죽은 사람 같으나 살아 있는 신앙의 사람이 될 수도 있다.

> 무명한 자 같으나 유명한 자요 죽은 자 같으나 보라 우리가 살아 있고 징계
> 를 받는 자 같으나 죽임을 당하지 아니하고 (고린도후서 6:9)

위의 말씀처럼 무명한 사람 같으나 유명하고, 가난한 사람 같으나 부유하고, 아무 것도 없는 사람 같으나 모든 것을 가진 사람이 될 수 있다.

영적 체험의 생기를 유지하기 위해 긴장하며 살아야 한다

유대인 신학자 밴스 하브너(Vance Havner)는 인간의 영적 퇴보를 네 단계로 규명한다.

67

Man ⇒ Movement ⇒ Machine ⇒ Monument

처음에는 은혜를 받은 사람이 나중에는 운동과 활동에 빠진다. 그리고 기계적으로 되다가 과거를 그리워하는 추억의 단계로 전락할 수 있음을 표현한 것이다.

어느 순간부터 과거에 열정을 가지고 헌신했던 이야기만 즐기는 상태로 빠진다. 옛날 시골에서 새벽마다 십리 길을 걸어 새벽기도를 다녔다, 교회학교 교사를 열심히 했다는 등 과거 지향적 간증만 하며 살아간다. 또는 이전에 개척교회에서 물불 안 가리고 헌신했던 추억 속에 살아간다.

이처럼 성령 없이 과거 이야기만 하며 살아갈수록 신앙생활은 죽는다. 어느 순간부터 점진적으로 세속화되다 보면, 신앙생활은 습관이 되고 기계적으로 봉사하게 된다. 그러다가 어떤 직분을 맡아도 영성 없이 일만 하는 '활동주의자'가 될 수 있다. 이런 현상에 대하여 예수님은 우리에게 놀라운 회복과 치유의 메시지를 주신다.

> 너는 일깨어 그 남은 바 죽게 된 것을 굳건하게 하라 내 하나님 앞에 네 행위의 온전한 것을 찾지 못하였노니 그러므로 네가 어떻게 받았으며 어떻게 들었는지 생각하고 지켜 회개하라 만일 일깨지 아니하면 내가 도둑 같이 이르리니 어느 때에 네게 이를는지 네가 알지 못하리라 (요한계시록 3:2-3)

아직도 남아 있는 영적 잔화(殘火)를 살려 내라는 것이다. 즉 꺼져가는 불길도 다시 부채질하여 큰 불로 살아나도록 하고, 성령의 불길을 다시 타오르게 하라는 것이다.

말씀에 등장하는 예수님은 '하나님의 일곱 영'을 가지신 분이다. 즉 생기가 넘치시는 성령님을 지칭한다. 성령님은 우리의 죽어가는 영성을 다시 살아나게 하시고, 회복해 주시고, 소생시켜 주시고, 다시 충만하게 하신다.

비록 지금은 '죽은 자'처럼 종교생활만을 하고 있지만, 사데 교회의 출발은 좋았던 것 같다. 그래서 주님은 이렇게 상기시켜 주신다.

> 그러므로 네가 어떻게 받았으며 어떻게 들었는지 생각하고 지켜 회개하라
> 만일 일깨지 아니하면 내가 도둑 같이 이르리니 어느 때에 네게 이르는지
> 네가 알지 못하리라 (요한계시록 3:3)

사데 교회는 처음 신앙생활을 시작할 때 성령충만했다. 그러므로 다시 그 감격을 찾아 생명력을 회복하라는 것이다. 이 말씀은 우리에게도 해당된다.

오래 전에 미국의 대설교가인 유진 브라이스(Eugene Brice) 박사의 진솔한 고백을 읽고 마음에 깊은 공감이 일었던 적이 있다. 유진 목사님이 고난주간 저녁 예배를 마치고 사택으로 돌아가보니 여덟 살 난 아들이 '예수 수난' 영화를 보고 있었다. 그것은 해마다 수난절이 되면 방영하는 영화였기 때문에 목사님에게는 전혀 흥미가 없는 영화였다. 더구나 지금 막 '십자가'에 관한 설교를 하고 오는 길이었다. 신학교 시절부터 지금까지 목회

를 하는 20년간 밤낮으로 말하는 것이 '예수님의 십자가 고난'이었다. 그러나 무심코 아들 곁에 앉아 있던 그는 놀라운 광경을 발견했다. TV 영화를 통해 예수님께서 십자가에 달리시는 광경을 보고 있던 여덟 살 난 아들의 두 눈에는 눈물이 흐르고 있었던 것이다. 그는 그 순간 깊은 깨달음을 얻고 자신의 신앙을 들여다보기 시작했다. '언제 내가 예수님의 십자가를 생각하며 울었던 적이 있었던가?' 까마득한 이야기였다. 대설교가인 유진 브라이스 목사는 자신에게 있는 것이 습관화되고 형식화되어 죽어버린 신앙임을 깨닫게 되었다.

어린 아들은 비록 TV 영화이지만 예수님께서 수난 당하시는 모습을 보며 눈물을 흘리는 신앙을 보여 주는데, 자신은 교회 강단에서 우렁찬 목소리로 십자가를 설교하고 돌아오면서도 감동이나 감격이 없는 죽은 신앙을 가지고 있었다는 고백이다.

당신은 어떤 감동과 감격을 갖고 살아가고 있는가? 영혼의 무감동, 영적인 건조함, 심령의 메마름, 그 원인이 어디에 있는 것 같은가? 처음 예수님을 믿었을 때 경험했던 감격과 감동, 성령의 은혜와 기름 부으심을 계속 유지하며 살아가야 한다. 메시지 성경에서는 이것을 이렇게 묘사한다.

네가 전에 두 손에 받았던 그 선물을, 네가 귀로 들었던 그 메시지를 생각하여라. 다시 그것을 붙잡고, 하나님께 돌아가라 (요한계시록 3:3, 메시지 성경)

그러기 위해서 우리는 훌륭한 신앙의 선배들을 본받으며 살아가야 한다. 여전히 우리 곁에는 영성이 살아 있는 사람들이 많이 있다.

사데 교회는 부요하고 편안한 환경 때문에 영적으로 죽어가고 있었지만, 그래도 여전히 훌륭한 신앙인들이 있었다. 그들은 주님과 함께 흰옷을 입고 다닐 수 있는 자들이었다. 그래서 예수님은 그들을 매우 고결하게 부각시키고 있다.

그러나 사데에 그 옷을 더럽히지 아니한 자 몇 명이 네게 있어 흰 옷을 입고
나와 함께 다니리니 그들은 합당한 자인 연고라 (요한계시록 3:4)

예수님께서 세우신 교회라면 어느 교회든지 이렇게 훌륭한 사람들이 존재한다. 우리는 그들을 표본으로 삼아야 한다. 우리가 그들을 나의 모델과 표상으로 삼는다면 우리의 이름은 결코 부끄럽게 되지 않을 것이다.

요한계시록 3장의 첫 번째 메시지는 '이름'으로 시작하여 '이름'으로 끝이 난다. 1절에서는 부끄러운 이름으로 시작하지만, 5절에서는 자랑스러운 이름으로 마감한다. 우리가 성령충만하게 살아가는 만큼 예수님께서는 우리의 이름을 높여 주신다. 또한 이런 영광과 명예를 보장해 주신다.

이기는 자는 이와 같이 흰 옷을 입을 것이요 내가 그 이름을 생명책에서 결
코 지우지 아니하고 그 이름을 내 아버지 앞과 그의 천사들 앞에서 시인하
리라 (요한계시록 3:5)

그러므로 우리 모두 영적 방심에서 각성으로 회복되고, 살아 있는 신앙으로 살아가야 한다.

하나님과 동행하는 살아 있는 간증으로 살자

역사 이래로 시대가 아무리 어두워도 여전히 남아 있는 경건한 신자들은 어느 때나 존재한다. 엘리야 시대는 칠천 명이나 되는 경건한 성도들이 이스라엘 곳곳에 남아 있었다(열왕기상 19:18).

예수님께서도 주님과 동행하는 '경건한 남은 자들'이 있음을 상기시켜 주신다(4절). 여기에 나타난 '나와 함께 다닌다'는 말은 페르시아 제국의 관습에서 유래된 표현이다. 왕이 가장 신임하는 측근 신하들은 왕과 함께 궁전 뜰을 거니는 특전을 누렸다. 주님께서 원하시는 우리의 신앙생활은 아주 단순하다. 하나님과 동행하며, 살아 있는 간증을 하며 살아가는 것이다. 세상 사람들과 섞여 살지 말고, 하나님과 동행하면서 생생한 간증을 하는 삶이 곧 하나님께 합당한 신앙생활이다. 이것은 곧 에녹의 신앙생활이었다(창세기 5:22-24).

살아 있는 신앙생활이란 특별한 것이 아니다. 금세기 영성운동가 유진 피터슨의 신조처럼 '그분을 모시고 살아가는 것'이다. 즉 하나님과 동행하며 간증하는 삶이다. 살아 있는 신앙으로 간증을 통해 세상 앞에서 하나님을 인정하며 높이면, 하나님께서도 그 이름을 천하만국 앞에서 높여 주시리라는 가슴 벅찬 약속이다(마태복음 10:32, 누가복음 12:8). 언제나 살아 있는 신앙으로 힘차게 살아갈 수 있기를 바란다.

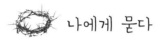 나에게 묻다

주일마다 교회에 나와 예배를 드리고, 새벽 예배까지 나오지만, 과연 우리에게는 살아있는 신앙이 있는가? 신앙생활이 아닌, 종교생활을 하고 있는 것은 아닌가?

예배도 드리고, 헌금도 하고, 찬양도 부르고, 봉사활동도 하지만 마음 가운데 기쁨이나 감동이 없다면 성령 없이 교회생활을 하고 있는 것이다.

주님께서 원하시는 우리의 신앙생활은 아주 단순하다. 하나님과 동행하며, 살아 있는 간증을 하며 살아가는 것이다. 세상 사람들과 섞여 살지 말고, 하나님과 동행하면서 생생한 간증을 하는 삶이 곧 하나님께 합당한 신앙생활이다.

"무미건조한 신앙생활을 벗어나기 위해 어떤 노력을 하고 있습니까?"

7 빌라델비아 교회의 사자에게 편지하라

거룩하고 진실하사 다윗의 열쇠를 가지신 이 곧

열면 닫을 사람이 없고 닫으면 열 사람이 없는 그가 이르시되

8 볼지어다 내가 네 앞에 열린 문을 두었으되 능히 닫을 사람이 없으리라

내가 네 행위를 아노니 네가 작은 능력을 가지고서도 내 말을 지키며

내 이름을 배반하지 아니하였도다

9 보라 사탄의 회당 곧 자칭 유대인이라 하나

그렇지 아니하고 거짓말 하는 자들 중에서 몇을 네게 주어

그들로 와서 네 발 앞에 절하게 하고

내가 너를 사랑하는 줄을 알게 하리라

10 네가 나의 인내의 말씀을 지켰은즉

내가 또한 너를 지켜 시험의 때를 면하게 하리니

이는 장차 온 세상에 임하여 땅에 거하는 자들을 시험할 때라

11 내가 속히 오리니 네가 가진 것을 굳게 잡아

아무도 네 면류관을 빼앗지 못하게 하라

7

CHAPTER

열린다, 내 인생!

나는 지구촌교회를 개척하면서 빌라델비아 교회를 표본으로 삼았다. 빌라델비아 교회는 교회가 모범으로 삼고 따라야 할 이상적인 모델이다. 하늘 문이 열린 축복을 받은 교회이기 때문이다. 교회는 단순히 지역사회와 세상을 향해서만 열린 교회로 끝나서는 안 된다. 무엇보다도 하늘 문이 열린 교회가 되어야 한다.

우리 교회 표어는 '교회 다니지 않는 사람을 위한 교회'다. 누구에게든지 항상 열려 있는 교회를 지향하고 있다. 건물을 소유한 교회가 아니라 건물을 사용하는 교회를 지향하고 있다. 그리고 적은 힘으로도 최대 효과를 창출하는 선교하는 교회가 되어 은혜의 문, 축복의 문이 활짝 열린 교회가 되기를 힘쓰고 있다.

일찍이 솔로몬은 성전을 완공한 후 하늘을 향해 두 손을 높이 들고 이렇게 기도했다.

하나님이여, 하늘 문을 열어 주시옵소서 (열왕기상 8:22–66, 역대하 6:12–7:3)

예수님은 하늘 문을 열어 주시려고 이 땅에 오셨다. 그리고 다음과 같은 과정을 거쳐 우리에게 하늘 문을 열어 주셨다. 첫째, 예수님이 세례 받으시던 날 하늘 문이 열렸다(마가복음 1:10). 둘째, 십자가에서 죽으시던 날 성전 휘장이 찢어지며, 하늘 문이 활짝 열렸다(마태복음 27:51). 그로 인해, 예수님은 우리에게 새로운 살길을 열어 주셨다(히브리서 10:19-20).

예수님은 하늘 문을 열어 주신 것과 더불어 하늘 문의 열쇠를 갖고 계시는 분이다. 그리고 더욱 놀라운 축복은 예수님은 그 하늘의 열쇠를 교회에게 맡기셨다는 것이다.

빌라델비아 교회의 사자에게 편지하라 거룩하고 진실하사 다윗의 열쇠를 가지신 이 곧 열면 닫을 사람이 없고 닫으면 열 사람이 없는 그가 이르시되 (요한계시록 3:7)

이것이 요한계시록 제1막 메시지의 절정이다. 예수님은 섬에서 답답하게 유배생활을 하고 있는 요한에게 놀라운 환상의 음성을 들려주신다.

요한아, 잘 보아라. 하늘 문이 열려 있도다! (요한계시록 3:8, 4:1 참조)

유대인 랍비의 표현처럼 '사방은 막혔어도, 위는 열려 있는' 셈이다. 그런데 말씀을 자세히 관찰해 보면, 예수님은 하늘 문을 열기만 하시는 게 아니라 닫기도 하시는 분이라는 것을 알 수 있다. 그리고 한번 닫으면 어느 누구도 열 수 없다. 우리는 이것을 두려워해야 한다. 내 인생과 우리 가정에 은혜의 문이 닫히거나, 기도응답의 문이 닫히지 않도록 영적으로 긴장하며 살아야 한다. 하나님이 닫으시면 앞길이 막히고, 관계가 끊어진다. 인간의 그 어떤 노력도 무효가 된다. 오히려 시간이 지날수록 상황은 더욱 악화될 것이다. 썰물 인생이 된다.

그러므로 우리는 인생의 현실에서 하나님께서 은혜와 축복의 문을 열어 주시도록 기도해야 한다. 하나님이 열어 주시는 인생이 되면, 그 어떤 역사의 소용돌이도 우리의 행복을 막지 못한다.

볼지어다 내가 네 앞에 열린 문을 두었으되 능히 닫을 사람이 없으리라

(요한계시록 3:8)

사실 이 말씀은 메시아 예언서인 이사야서 22장 22절에서 이미 예고된 메시지다.

내가 또 다윗의 집의 열쇠를 그의 어깨에 두리니 그가 열면 닫을 자가 없겠고 닫으면 열 자가 없으리라 (이사야 22:22)

그렇다면 주님은 우리에게 어떤 문을 열어 주실까?

은혜의 문을 열어 주신다

예수님은 이 땅에 교회를 세우시고는 은혜의 문을 활짝 열어 주셨다. 그래서 우리는 언제든지 은혜의 보좌 앞에 담대히 나올 수 있는 것이다. 인생의 공식은 그리 복잡하지 않다. 하나님이 닫으시면 불황, 열어 주시면 호황이다. 닫으시면 쪽박, 여시면 대박이다. 하나님이 여시면 닫힌 인생에서 열린 인생으로, 막힌 인생에서 뚫린 인생으로, 묶인 인생에서 풀린 인생으로, 쓴 물이 단물로, 썰물이 밀물로, 적자가 흑자로, 실패가 성공으로, 절망이 희망으로, 불황이 호황으로 바뀐다. 하나님이 열어 주시면 위기가 기회로, 악재가 호재로, 불리함이 유리함으로, 걸림돌이 디딤돌로, 역풍이 순풍으로 바뀌고, 악순환이 선순환으로 바뀌는 역사가 일어난다. 그러므로 우리는 하나님이 닫으시는 인생이 아니라, 시온의 대로처럼 활짝 열어 주시는 삶을 살아야 한다.

이 열린 은혜의 문을 통해 우리는 구원을 얻게 된다. 사도행전 14장 27절을 보면 하나님은 이 세상 모든 사람들을 위해 믿음의 문을 활짝 열어 놓으셨다. 그래서 초대교회는 날마다 구원받는 사람의 숫자가 늘어갔다. 또 열린 은혜의 문을 통해 우리의 기도가 하나님께 닿게 된다.

내 이름으로 무엇이든지 내게 구하면 내가 행하리라 (요한복음 14:14)

예수님은 주님의 이름으로 구하는 것을 이루어 주신다고 약속하신다. 열린 은혜의 문을 통한 축복이다.

능력의 문을 열어 주신다

빌라델비아 교회는 교인 수가 그리 많지 않은 작은 교회였다. 그러나 하나님의 능력이 강하게 나타나는 힘 있는 교회였다. 그 비결은 그들이 적은 능력으로도 최선을 다했기 때문이다.

> … 내가 네 행위를 아노니 네가 작은 능력을 가지고서도 내 말을 지키며 내 이름을 배반하지 아니하였도다 (요한계시록 3:8)

빌라델비아는 로마와 아시아를 연결하는 관문이었다. 또한 '작은 아테네'라고 불릴 만큼 우상숭배가 성행하는 환락의 도시였다. 이러한 도시적 상황은 그리스도인들이 신앙생활을 하기에 좋지 않았다. 바로 이곳에 빌라델비아 교회가 있었다. 소아시아에서 역사가 가장 짧은 교회로, 웅장한 건물도 없었고, 재산이 많은 것도 아니었고, 교세가 크지도 않았다. 하지만 이러한 여러 가지 불리한 조건에도 불구하고 큰일을 이루어낸 위대한 교회였다. 특별한 것이 없었지만 특별한 교회였다.

교회의 힘은 건물의 크기나, 교인의 숫자, 조직에 있지 않다. 오직 하나님의 능력에 있다. 하나님 나라의 공식은 적은 것으로도 큰 역사를 이룬다. 우리는 때때로 우리의 적은 지식, 적은 재산, 적은 능력 때문에 비교의식이나 열등감에 빠져서 자포자기하는 경우가 많다. 그러나 우리가 세상을 이기는 비결은 우리의 실력이나 재력에 있지 않고, 믿음의 위력에 있음을 기억해야 한다.

그래서 예수님은 우리에게 이렇게 말씀하신다.

> … 진실로 너희에게 이르노니 만일 너희에게 믿음이 겨자씨 한 알 만큼만 있어도 이 산을 명하여 여기서 저기로 옮겨지라 하면 옮겨질 것이요 또 너희가 못할 것이 없으리라 (마태복음 17:20)

예수님이 기적을 일으키실 때는 언제나 작은 것을 활용하셨다. 능력은 오직 하나님께 있기 때문이다.

빌리 그래함(Billy Graham) 목사님은 "우리가 헌신하는 데는 경제력이나 사회적 영향력이 필요한 것이 아니라"고 용기를 준다. 또 테레사 수녀는 이렇게 말했다. "우리는 하나님의 손에 있는 몽당연필이다." 우리 인생은 하나님의 손길이 닿을 때 명품이 될 수 있다. 하나님은 우리가 최선을 다할수록 능력을 주시고, 성령으로 역사하신다. 특별한 것이 없는 사람인데도 특별한 사람이 되게 하신다.

상급의 문을 열어 주신다

예수님은 영광스럽고 자랑스러운 면류관을 빼앗기지 않도록 믿음 위에 굳게 서라고 격려하신다. 주님은 교회를 사랑하고 헌신하는 사람에게 반드시 상을 주시는 분이다.

웬디스 햄버거의 창업자 토마스(D. Thomas)는 "나는 10억 배의 복을 받았다."고 간증한다. 캘리포니아의 명물인 In N Out 햄버거처럼 '들어가도 복을 받고, 나가도 복을 받는 자'가 될 수 있다.

헌신은 천 배, 만 배의 효과를 가져다주는 보험과도 같다. 우리가 헌신하는 만큼 하늘과 땅의 복을 받는다. 손으로 하는 모든 일에 복을 주신다. 꾸어 주며 살고, 꾸지 않을 것이다. 꼬리가 되지 않고, 머리가 되는 복을 받을 것이다.

> 네 아버지의 하나님께로 말미암나니 그가 너를 도우실 것이요 전능자로 말미암나니 그가 네게 복을 주실 것이라 위로 하늘의 복과 아래로 깊은 샘의 복과 젖먹이는 복과 태의 복이리로다 네 아버지의 축복이 내 선조의 축복보다 나아서 영원한 산이 한 없음 같이 이 축복이 요셉의 머리로 돌아오며 그 형제 중 뛰어난 자의 정수리로 돌아오리로다 (창세기 49:25-26)

예수님은 우리에게 놀라운 상급과 축복을 보장하신다. 첫째, 주님의 사랑으로 든든하게 보호받는 상급이다.

그들로 와서 네 발 앞에 절하게 하고 내가 너를 사랑하는 줄을 알게 하리라

(요한계시록 3:9)

우리의 적은 믿음으로도 하나님께 사랑받고 사는 모습을 세상에게 보여 주는 사람이 되게 하신다는 약속이다. 예수님께서 얼마나 큰 사랑으로 우리를 돌보아 주시는지 알 수 있다.

둘째, 기둥처럼 든든하게 세워지는 상급이다.

이기는 자는 내 하나님 성전에 기둥이 되게 하리니 그가 결코 다시 나가지 아니하리라 … (요한계시록 3:12)

여기에 나타난 '기둥이 되게 하겠다'는 표현은 빌라델비아 사람들에게 매우 실감나는 축복이다. 빌라델비아는 활화산 지대로 지진이 자주 일어나는 지역이었다. 그래서 그곳에 사는 사람들은 모든 것이 한순간에 무너지는 것을 종종 경험했다. 그런데 예수님은 믿음으로 최선을 다하며 사는 사람들의 인생은 결코 무너지지 않도록 든든하게 지켜 주겠다고 약속하신다. 마치 반석 위에 세운 집과 같이 되게 하시겠다는 것이다.

셋째, 영원한 기념이 되는 상급이다.

… 내가 하나님의 이름과 하나님의 성 곧 하늘에서 내 하나님께로부터 내려오는 새 예루살렘의 이름과 나의 새 이름을 그이 위에 기록하리라 (요한계시록 3:12)

신실하신 하나님은 하나님의 뜻을 위해 헌신하는 사람을 결코 잊지 않으신다. 하나님께 기쁨으로 영원히 기억되는 것만큼 더 큰 상급은 없을 것이다.

적은 힘으로도 최선을 다하는 사람에게 하늘 문이 열린다. 우리의 작은 믿음이나, 적은 힘, 지극히 평범한 재주나 기술, 얇은 지식, 약한 건강, 그 어느 것이든지 하나님의 능력의 손에 붙들려 쓰임받으면 큰 역사를 일으킬 수 있다. 하나님의 말씀이 그것을 보장하고 있음을 잊지 않기를 바란다.

… 무릇 사람이 할 수 없는 것을 하나님은 하실 수 있느니라 (누가복음 18:27)

하나님이 열어 주신다

한 사람의 헌신으로 명문가문을 이룬 이야기로 마무리를 하려고 한다. 순교자 주기철 목사님을 옥바라지한 평양 산정현교회 유계준 장로님의 이야기다. 그는 젊은 시절 평양의 깡패였다. 성격이 과격하여 방탕한 생활을 일삼았다. 그러니 집안이 편할 날이 없었다. 결혼은 했지만 자식을 갖지 못해 방황하는 삶을 살았다.

어느 날 그는 미국인 마펫(S. Moffet) 선교사가 평양 시내에서 전도하는 것을 보고 행패를 부리며 구타까지 했다. 그런데도 다시 일어나 예수 믿으라고 전도하는 선교사의 모습에 감동을 받고 그는 예수님을 영접했다. 그는 예수님을 영접하여 변화를 받았다. 자신의 전 재산을 교회에 드리고, 자신의 집을 교회로 삼아 '미림교회'를 설립했다.

그는 일본 경찰의 협박을 받으면서도 주기철 목사님과 그 가족을 보살폈다. 그러다가 주 목사님이 순교하자 일제의 금지령을 어기고 그 시신을 거두어 성대한 장례식을 치러 주었다. 그는 주기철 목사님이 살았을 때나 죽었을 때나 그의 가족을 한결같이 보살폈다. 그리고 해방이 되어 북한 공산당이 교회를 압수하자 자신의 집을 예배 장소로 삼았다. 그 후 6·25 사변이 일어나자 가족들을 남하시키고 혼자서 교회를 지키다가 1950년 10월 공산군에 의해 처형되고 말았다. 그도 주기철 목사님의 뒤를 따라 순교한 것이다. 그는 하나님과 사람을 동시에 사랑하는 경건한 믿음으로 생을 마감했다.

하나님은 무일푼으로 남한으로 내려온 그의 아내와 자녀들을 놀랍게 축복하셔서 명문가문이 되게 하셨다. 장남 유기원 장로는 국립의료 원장을 역임했고, 차남 유기형 장로는 부산의대 교수로 재직했다. 삼남 유기선 장로도 의사가 되었고, 사남 유기천 장로는 서울대 총장을 역임했다. 미국 시카고에 거주하고 있는 오남 유기진 장로는 장기려 박사와 함께 평양 기독병원에서 일했고, 1964년 미국으로 건너가 북미 기독의료선교회를 창립했다. 그리고 육남 유기묵 장로는 미국 샌디에이고에서 의사로 활동하고 있다. 또한 장녀 유기옥 권사는 누가의료원 원장, 차녀 유기숙 권사는 숭실대학교 총장을 역임했으며, 그의 남편은 국무총리를 지낸 이한빈 박사다.

이렇게 주님과 교회를 위해 헌신한 유계준 장로님의 후손이 106명인데, 모두 사회 각계에서 훌륭한 그리스도인 리더로 활약하고 있다. 이처럼 하나님은 경건한 믿음의 가문은 천대까지 은혜를 베풀어 주신다.

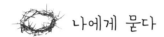 ## 나에게 묻다

예수님은 하늘 문을 열기만 하시는 게 아니라 닫기도 하신다. 그리고 한번 닫으시면 어느 누구도 열 수 없다. 하나님이 닫으시면 앞길이 막히고, 관계가 끊어진다. 하나님이 닫으신 문 앞에서 인간의 그 어떤 노력도 의미가 없다.

우리는 이것을 두려워해야 한다. 내 인생과 우리 가정에 은혜의 문이 닫히거나, 기도응답의 문이 닫히지 않도록 영적으로 긴장하며 살아야 한다. 하나님께서 은혜와 축복의 문을 열어 주시도록 기도해야 한다. 인생의 모든 문의 열쇠는 오직 하나님이 가지고 계신다.

"당신의 삶 가운데 열려야 할 문이 있습니까?"

14 라오디게아 교회의 사자에게 편지하라

아멘이시요 충성되고 참된 증인이시요 하나님의 창조의 근본이신 이가 이르시되

15 내가 네 행위를 아노니 네가 차지도 아니하고 뜨겁지도 아니하도다

네가 차든지 뜨겁든지 하기를 원하노라

16 네가 이같이 미지근하여 뜨겁지도 아니하고 차지도 아니하니

내 입에서 너를 토하여 버리리라

17 네가 말하기를 나는 부자라 부요하여 부족한 것이 없다 하나

네 곤고한 것과 가련한 것과 가난한 것과

눈 먼 것과 벌거벗은 것을 알지 못하는도다

18 내가 너를 권하노니 내게서 불로 연단한 금을 사서

부요하게 하고 흰 옷을 사서 입어 벌거벗은 수치를 보이지 않게 하고

안약을 사서 눈에 발라 보게 하라

19 무릇 내가 사랑하는 자를 책망하여 징계하노니

그러므로 네가 열심을 내라 회개하라

8
CHAPTER

큰사람 되기

어느 목사님이 자신의 교회에 한 유명한 오페라 가수가 왔을 때 이런 질문을 했다. "당신의 노래를 듣고 있으면 큰 힘과 감동에 압도되는 느낌이 듭니다. 그런 능력은 어디서 나옵니까?" 그 성악가는 잠시 생각에 잠기더니 이렇게 대답했다. "저를 가르치신 교수님께서 이렇게 말씀해 주셨습니다. '인간 속에는 '작은 나'와 '큰 나'가 있다. '작은 나'는 겁쟁이고 미신적이며 약하고 소심한 자세를 갖게 한다. 그러니 무대 위에 올라서서 노래를 부를 때에는 '큰 나'가 밖으로 나오도록 하라'고 말입니다."

'작은 나'라는 소인 의식에서 벗어나, '큰 나'라는 거인의식을 품어야 큰 일을 해내는 자가 될 수 있다는 의미다. 사람에게는 누구든지 무한한 잠재력이 있다. 거인의 능력이 있다. 그러므로 숨은 저력을 계발하는 만큼 큰 사람이 된다. 우리는 얼마든지 스스로의 운명을 바꿀 수 있다.

일본인들이 많이 기르는 관상어 중에 '고이(Koi)'라는 잉어가 있다. 이 물고기를 작은 어항에 넣어 두면 5-8cm밖에 자라지 않는다. 그러나 연못에 넣어 두면 12-25cm까지 자라고, 강물에 방류하면 90-120cm까지 클 수 있다고 한다. 자신이 활동하는 환경에 따라 피라미가 될 수도 있고, 대형 잉어가 될 수도 있는 것이다.

사람도 마찬가지다. 신앙생활을 어떻게 하느냐에 따라서, 그리고 신앙생활의 환경에 따라서 신앙의 등급이 결정된다. 따라서 우리는 서로에게 무한한 가능성의 신앙을 심어 주어야 한다. 지금보다 더 나은 비전, 더 좋은 미래를 향해 함께 나아가기를 꿈꾸어야 한다.

큰사람이 될 수 있다

"당신은 지금보다 더 나아질 수 있다. 당신은 지금보다 큰사람이 될 수 있다." 이것이 라오디게아 교회를 향한 메시지다. 라오디게아는 오늘날 터키의 파무칼레(Pamukkale)라고 하는 매우 유명한 온천 관광지에 해당한다. 당시 라오디게아는 터키의 맨해튼이라고 할 수 있는 금융도시였다. 부유한 중산층이 많았기 때문에 고급 양모 산업이 발달하였고, 또 안약 개발의 본부였던 의과대학의 중심지였다.

이런 좋은 도시에 위치한 라오디게아 교회는 잠재적 가능성이 아주 많았다. 교회 재정이 풍부하여 비전과 계획만 있으면 얼마든지 큰일을 할 수

있었다. 소아시아의 그 어떤 교회보다 저력이 있었기에 쓰임받는 교회가
될 수 있었다. 지역사회와 세계선교를 위해 큰일을 할 수 있었다. 신앙생
활을 제대로 하기만 한다면 훨씬 더 성장할 수 있었다. 그런데 그들은 아
무것도 하지 않고, 무사안일주의로 신앙생활을 했다. 큰 꿈과 비전을 품
을 수 있었는데도 자가당착에 빠져 살았다. 교회생활을 즐기는 수준에서
멈추었다. 현대 용어로 'churchtainment'라고 한다. 교회생활을 엔터테
인먼트 정도로 여기는 현상이다.

이에 대해 예수님은 크게 책망하시며 도전하신다. 그래서 예수님의 이
름을 핵심적으로 소개하시면서 '창조의 근본(arche)'이라고 하신다. 축복의
근원이라는 뜻이다. 우리가 신앙생활을 제대로 하기만 하면 예수님은 얼
마든지 복의 근원이 되어 주신다.

예수님은 우리가 큰 믿음의 사람이 되기를 원하신다. 우리를 하나님께
크게 쓰임받는 큰 그릇으로 만들고 싶어 하신다. 그런데 정작 우리는 그
축복을 거부하고, 아무런 꿈과 비전 없이 살아가고 있다. 이런 영적 무감
각에 대해 예수님은 안타까운 마음으로 채근하신다.

우리가 어떻게 신앙생활을 하면 지금보다 더 나은 사람이 되고, 더 큰
사람이 될 수 있을까?

열정을 향상하는 만큼 큰사람이 된다

라오디게아는 돈이 많다 보니 못하는 일이 없었다. 요즘 아랍에미리트의 두바이가 하는 것과 비슷했다. 재력이 풍부하다 보니 무엇이든 가능했다. 그들은 인근의 두 도시로부터 물을 끌어왔다. 하나는 히에라볼리스로부터 온천수를 끌어왔고, 또 하나는 골로새로부터 생수를 수입해 왔다.

그런데 약 10km 정도의 수도관을 통해 물이 흘러오다 보니 뜨거운 온천수가 열이 다 식어 미지근해졌고, 또 골로새의 좋은 생수도 여름철이 되면 수도관이 뜨거워져서 시원한 생수가 미지근해졌다. 그러니 물맛이 오죽했겠는가? 뜨거운 음식이나 찬 음식은 먹을 만하지만, 미지근한 음식은 먹기 거북하게 느껴질 때가 많다. 특히 한여름에 미지근한 탄산 음료의 맛은 구역질이 날 정도다.

라오디게아 교회의 교인들이 그런 신앙생활을 하고 있었던 것이다. 생활이 편안하고 안정되다 보니 신앙생활에 생동감이 사라졌다. 문자 그대로 미지근하고, 무미건조한 신앙생활이었다.

우리도 진지하게 스스로의 모습을 확인해 봐야 한다. 나의 신앙상태는 미온인가, 열온인가? 영어에 'mediocre'라는 단어가 있다. '좋지도 나쁘지도 않은'이라는 뜻이다. 문자적 의미는 '산봉우리와 산 밑의 중간지대'다. 어쩌면 현대 그리스도인들의 어정쩡한 신앙상태에 해당하는 말이다. 오늘날 많은 그리스도인들의 신앙생활은 산을 오르다가 중간쯤에서 멈춘 상태라고 비유할 수 있다. 믿음이 있는 것도 아니고 그렇다고 없는 것도 아니다. 열심을 내는 것도 아니고 안 내는 것도 아니고, 헌신하는 것도 아니고 헌신하지 않는 것도 아니고, 교회를 사랑하는 것도 아니고 사랑하지 않는 것도 아니다. 그야말로 회색 신자(between christian)다. 예수님이 우리에게 원하시는 것은 이런 어중간한 상태가 아니다.

21세기 CEO 50명의 특징 중 첫 번째는 '열정(Passion)'을 갖고 있다는 점이다. 모든 기막힌 상품들은 다 열정의 산물이다. 기술이나 지식보다 '열심'이 더 큰일을 해 낸다. 우리가 평범에서 비범으로 점프할 수 있는 원동력은 열정에 있다. 무한한 열정만 있으면 어떤 일도 성공할 수 있다.

이스라엘이 아랍권 13개국과 전쟁할 때, 당시 국방장관이던 다얀이 이렇게 선전포고를 했다.

"지금 이스라엘 군대는 막강한 최신 무기로 무장했다. 우리는 이 무기로 아랍 연합군을 몇 시간 안에 물리칠 것이다."

이 소식이 전파를 타고 전 세계에 퍼지자 아랍권 국가들은 물론, 소련을 중심으로 한 강대국까지 비상사태에 들어갔다. 이스라엘이 핵무기보다 더 강력한 무기를 개발했다고 생각했기 때문이다. 그리고 이스라엘의 신종 무기를 알아내기 위해 각 나라의 무기 전문가들이 동원되었다.

그러나 선전포고가 발표된 지 정확히 6일 만에 전쟁은 끝났다. 결과는 이스라엘의 압도적 승리였다. 그때까지 다른 나라들은 도대체 그 무기가 무엇인지 밝혀 내지 못한 상태였다. 전쟁이 끝난 후 이스라엘의 다얀 국방장관은 다시 성명을 내놓았다.

"우리의 승리는 최신 무기 덕분이다. 그것은 이스라엘 전군의 가슴속에 있는 '불타는 애국심'과 머릿속으로 그린 '승리 뒤의 미래 비전'이다."

국민들의 열정이 나라를 위대하게 만들었다. 오늘 우리나라도 이런 열정의 회복이 필요하다.

원래 라오디게아 교회는 '아킵보'라는 사람이 세웠다. 이 사람이 처음에는 굉장히 열심이었는데 세월이 갈수록 열정이 식어갔다. 나중에는 냉담한 지도자가 되었다(골로새서 4:17). 그래서 에바브라를 새로운 지도자로 세웠다(4:12). 이처럼 하나님은 열정이 식은 자를 사용하지 않으신다. 요한계시록 3장 16절 말씀을 통해서도 알 수 있다.

네가 이같이 미지근하여 뜨겁지도 아니하고 차지도 아니하니 내 입에서

너를 토하여 버리리라 (요한계시록 3:16)

'토한다'는 단어는 '캭, 퉤 뱉는다'는 뜻이다. 곧 하나님의 은총과 축복이 끝난다는 의미다. 그 대신 하나님은 열정의 사람을 축복하신다. 귀하게 쓰시고 크게 쓰신다. 높이 세워 주신다.

하나님께 큰 그릇으로 쓰임받았던 사도 바울은 이렇게 호소한다.

부지런하여 게으르지 말고 열심을 품고 주를 섬기라 (로마서 12:11)

하나님은 가슴에 불이 있는 사람을 크게 쓰신다. 열심을 품은 자를 귀하게 쓰신다. 그런 사람을 높이시고, 축복하시고, 더 큰사람이 되게 하신다. 성령님은 불의 영이시며, 열정의 영이시다. 이제 우리는 더 이상 미온적인 신앙에 머물지 말고, 열정을 가진 신앙으로 나아가야 한다.

영성을 향상하는 만큼 큰사람이 된다

라오디게아 교회는 겉으로 보기에는 큰 잘못이 드러나지 않았다. 이단에 빠진 것도 아니고, 도덕적으로 타락하지도 않았기 때문에 외형상으로는 별 문제가 없는 것처럼 보였다. 그런데 자세히 관찰해 보면 그들에게 심각한 문제가 있음을 알 수 있다. 신앙의 내면이 텅 비어 있는 것이다. 그들은 육신에 속한 신자로 살았고, 현실에만 머물러 살았다. 안일주의자로 살면서, 자아도취에 빠져 있었다. 한마디로 성령 없이 살고 있었던 것이다.

> 네가 말하기를 나는 부자라 부요하여 부족한 것이 없다 하나 네 곤고한 것
> 과 가련한 것과 가난한 것과 눈 먼 것과 벌거벗은 것을 알지 못하는도다
>
> (요한계시록 3:17)

영혼이 비어 있는 자로 살았던 그들은 육신에 속한 신자의 전형적인 모습을 보여 주고 있다.

현대인들도 갈수록 영성 없이 살아간다. 자기도취, 자아심취, 자아마취 상태로 살아간다. 혹시 영적 체온이 떨어져가고 있지는 않은지 진지한 물

음과 확인이 필요하다. 사람이 어떤 사고를 당했을 때 체온이 떨어지면 죽는다. 사람의 건강에 있어 위험한 것 중 하나가 저체온 현상이다.

예수님은 우리의 영성이 향상되기를 원하신다. 영혼이 윤택해지는 만큼 우리의 삶의 질도 높아지기 때문이다. 그래서 더욱더 애절한 마음으로 우리의 미래가 나아지기를 촉구하고 계신다. 주님은 우리를 사랑하시기에 우리가 지금보다 더 큰 그릇이 되기를 원하신다.

> 내가 너를 권하노니 내게서 불로 연단한 금을 사서 부요하게 하고 흰 옷을 사서 입어 벌거벗은 수치를 보이지 않게 하고 안약을 사서 눈에 발라 보게 하라 무릇 내가 사랑하는 자를 책망하여 징계하노니 그러므로 네가 열심을 내라 회개하라 (요한계시록 3:18-19)

주님은 우리를 정죄하거나 심판하시는 대신, 사랑으로 가르치시며 회개하라고 말씀하신다. 여기에 희망이 있다.

그렇다면 어떻게 하면 더 큰사람으로 도약할 수 있을까? 예수님은 아주 쉬운 방법을 가르쳐 주신다. 이것이 3장의 클라이맥스다.

> 볼지어다 내가 문 밖에 서서 두드리노니 누구든지 내 음성을 듣고 문을 열면 내가 그에게로 들어가 그와 더불어 먹고 그는 나와 더불어 먹으리라 (요한계시록 3:20)

우리가 이 말씀을 좀 더 사실적으로 느끼려면 로마 시대의 식사 문화를 살펴볼 필요가 있다. 아침 식사는 '아크라티스마'라고 하는데, 마른 빵 조각을 포도 주스에 찍어 먹는다. 점심 식사는 '아리스톤'이라고 하는데, 도시락으로 길가의 가로수 밑이나 공원에 나와서 먹는다. 그런데 저녁 식사는 '데이프논'이라고 하는데, 하루 중 가장 중요한 식사다. 식구들과 오랜 시간 함께 둘러앉아서 이야기꽃을 피우며 행복하게 먹는다.

3장 20절에서 말하는 것은 세 번째 식사다. 풍성한 식탁의 축복이다. 예수님은 우리의 영성 수준에 따라 큰 은혜와 넘치는 축복을 주시겠다는 것이다. 이런 희망찬 미래가 보장되어 있으니 우리가 스스로 결단하라는 것이다. 이것이 예수님께서 제시하시는 절정의 메시지다. 예수님과 함께 윤택한 영성으로 살기를 결정하라는 것이다.

예수님은 우리가 더 큰사람이 되기를 원하신다. 큰사람이 되는 방법은 간단하다. 날마다 예수님과 교제하며 사는 것이다. 그 시간의 깊이와 양만큼 풍성한 은혜, 넘치는 은혜가 우리에게 주어질 것이다. 그리고 우리는 더 큰사람이 되어 미래의 어느 날 예수님과 함께 천국보좌에 앉는 영광을 누리게 될 것이다.

주님과 함께 영광을 누리게 해 주신다

21절은 이렇게 멋진 결론을 내린다.

이기는 그에게는 내가 내 보좌에 함께 앉게 하여 주기를 내가 이기고 아버지 보좌에 함께 앉은 것과 같이 하리라 (요한계시록 3:21)

주님은 일곱 교회를 향한 일곱 번의 메시지에서 단 한 번도 '완전한 자가 복을 받는다'고 말씀하지 않으신다. 대신 이렇게 말씀하신다. "이기는 그에게는 내가 이런 상을 주리라. 이런 복을 주리라."

이기는 사람에게 주어지는 축복은 주님의 보좌에 함께 앉는 것이다. 로마 시대에 간혹 나라를 위해 큰 공을 세운 신하를 왕이 자신의 왕좌 곁에 앉혀서 그를 영예롭게 해 주는 일이 있었다. 이처럼 하나님도 이기는 사람에게 하늘나라의 영광의 보좌에 함께 앉혀 주신다.

인간의 마음이란 철학자들의 복잡한 토론장이 아니라 화가들의 화랑과 같다. 아름답게 이루어지는 꿈과 비전의 산실이라는 의미다. 미온적 신앙의 무관심과 중립에서 벗어나서 열정적인 신앙으로 살아가는 것을 결단하기 바란다. 땅 중심의 일차원적 신앙이 아닌 전인적 성숙을 추구하는 하늘의 부자가 되고자 할 때, 주님은 일평생 함께하실 것이다. 그리고 그런 자들에게 하늘의 보좌에서 주님과 함께 영광을 누리는 미래를 약속해 주신다.

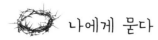 나에게 묻다

오늘날 많은 그리스도인의 신앙생활은 산을 오르다가 중간쯤에서 멈춘 상태라고 비유할 수 있다. 믿음이 있는 것도 아니고 그렇다고 없는 것도 아니다. 열심을 내는 것도 아니고 안 내는 것도 아니다. 헌신하는 것도 아니고 헌신하지 않는 것도 아니다. 교회를 사랑하는 것도 아니고 사랑하지 않는 것도 아니다. 하지만 예수님이 우리에게 원하시는 것은 이런 어중간한 상태가 아니다.

예수님은 우리의 영성이 향상되기를 원하신다. 예수님은 우리가 더 큰사람이 되기를 원하신다. 큰사람이 되는 방법은 간단하다. 날마다 예수님과 교제하며 사는 것이다. 그 시간의 깊이와 양만큼 풍성한 은혜, 넘치는 은혜가 우리에게 주어질 것이다.

"날마다 예수님과 교제하며 살아가는 것을 방해하는 것이 있습니까?"

7 그 첫째 생물은 사자 같고 그 둘째 생물은 송아지 같고

그 셋째 생물은 얼굴이 사람 같고

그 넷째 생물은 날아가는 독수리 같은데

8 네 생물은 각각 여섯 날개를 가졌고

그 안과 주위에는 눈들이 가득하더라

그들이 밤낮 쉬지 않고 이르기를 거룩하다 거룩하다 거룩하다

주 하나님 곧 전능하신 이여 전에도 계셨고

이제도 계시고 장차 오실 이시라 하고

9 그 생물들이 보좌에 앉으사 세세토록 살아 계시는 이에게

영광과 존귀와 감사를 돌릴 때에

10 이십사 장로들이 보좌에 앉으신 이 앞에 엎드려

세세토록 살아 계시는 이에게 경배하고

자기의 관을 보좌 앞에 드리며 이르되

11 우리 주 하나님이여 영광과 존귀와 권능을 받으시는 것이 합당하오니

주께서 만물을 지으신지라 만물이 주의 뜻대로 있었고

또 지으심을 받았나이다 하더라

9
CHAPTER

천국의 영광을 바라보며

김진홍 목사님이 어머니에 관한 간증을 하셨다. 목사님의 어머니는 하나님의 부르심을 받으실 때도 평생 기도하시던 분답게 하늘로 가셨다. 88세 되던 해에 몹시 편찮으시기에 자식들이 염려했더니 하루는 밝은 얼굴로 말씀하셨다. "내가 이번에는 죽을병이 아니다. 2년 뒤 90세에 죽을 거다." "그걸 어떻게 아세요?" 물었더니 아침에 기도하는 중에 하나님이 환상 중에 나타나셔서 2년 뒤에 데려갈 테니 일어나라고 일러 주셨다는 것이었다. 그리고는 정말 회복되셨다.

그런데 2년 뒤 신년 세배 때, "올해는 내가 천국으로 가는 해다. 너희도 그리 알고 있어라." 하시고는 수의를 손수 바느질하여 마련하시고 지리산 두레마을에 자신이 묻힐 자리까지 봐 두셨다. 그리고는 5월 들어 편찮으시더니 의식을 잃기 전, 이렇게 마지막 말씀을 하시며 하늘로 가셨다. "모든 것이 감사합니다."

얼마나 영성이 훌륭한 어머니인가. 일평생 천국의 영광을 바라보며 사셨던 것이다.

대학 졸업논문으로 르네 데카르트(Descartes, Rene)의 존재론적 논증을 썼다. 당시 논문 준비를 위해 그를 연구하다가 그의 깊은 신앙심에 큰 감동을 받았다. 그는 단순한 철학자가 아니라 훌륭한 영성을 가진 신앙인이었다.

그는 55년의 짧은 생을 살다가 하나님의 부르심을 받았다. 그리고 매우 멋지게 삶을 마감했다. 실제로 그는 기운이 없어 혼수상태로 누워 있다가도 갑자기 벌떡 일어나서 외쳤다고 한다. "보입니다, 보여. 주님의 영광이 보입니다." 그는 여섯 번씩이나 황홀하게 외치다가 하늘로 올라갔다. 죽음을 맞이하는 그 아름다운 모습에, '나도 후에 이러한 죽음을 맞이할 수 있으면 좋겠다'고 생각했다.

19세기 부흥 전도자 무디(D. L. Moody) 목사님은 죽을 때 이런 말을 했다. "땅은 꺼지고, 내 앞에서 하늘은 열리는도다. 결코 이것은 환상이 아니로다." 그러면서 자신의 아들에게 계속 말했다. "무척 아름다워. … 만일 이것이 죽음이라면, 참으로 달콤해. 거기는 골짜기가 없어. 하나님이 나를 부르고 계시니, 나는 가야만 해." (Earth recedes, heaven opens before me. No, this is no dream. It is beautiful. … If it is death, it is sweet. There is no valley here. God is calling me, and I must go.)

이것이 앞으로 시작되는 요한계시록 제3막 환상의 내용이다. 제1막은 1장에서 승리자 예수님의 찬란한 영광을 서막으로 보여 준다. 제2막은 2

장과 3장에서 지상에 있는 교회들의 특성을 적나라하게 보여 준다. 그리고 제3막은 4장부터 7장까지 진행되며, 하나님의 보좌가 있는 천국의 영광에 관해 보여 준다.

하나님은 요한에게 하늘의 영광을 보여 주셨다

요한계시록 4장은 이렇게 시작한다.

> 이 일 후에 내가 보니 하늘에 열린 문이 있는데 내가 들은 바 처음에 내게 말하던 나팔 소리 같은 그 음성이 이르되 이리로 올라오라 이 후에 마땅히 일어날 일들을 내가 네게 보이리라 하시더라 (요한계시록 4:1)

여기 '이 일 후에 내가 보니'라는 상황 설명은 3장 20-21절에서 예수님이 우리를 하늘의 보좌에 앉혀 주시는 장면을 말씀하신 후에 계속 진행되는 이야기임을 의미한다. 예수님은 4장 1절에서 하늘의 찬란한 영광을 더욱 구체적으로 보여 주신다.

여기에 등장하는 '올라오라', '보이리라'는 중요한 단어다. 하늘의 천사는 사도 요한을 천국의 보좌 앞으로 초대하여, 영광스런 하늘의 보좌를 생생하게 보여 준다. 그래서 그는 '보좌'라는 단어를 12번이나 반복하여 강조하고 있는 것이다(개역개정에는 11번이 기록되어 있다). 이것은 하나님의 영광스런 보좌가 있는 천국에 올라가 살게 될 것을 내보다며 살아가라는 메시지다.

어디에서 살게 되든지 결국 우리가 가게 될 곳은 하나님의 영광스런 보좌가 있는 천국이다. 이것을 기억하며 살아갈 때, 죽음을 맞이하는 순간 두렵지 않을 수 있다. 찬란한 영광이 있는 그곳을 선명하게 바라보며 살아간다면, 삶의 수준이 달라질 것이다.

성경은 하늘을 3단계로 설명한다. 첫째, 땅을 둘러싸고 있는 하늘 상공, 대기권을 말한다. 우리가 흔히 하늘(sky)이라고 표현한다. 둘째, 지구의 대기권 위에 있는 우주세계를 말한다. 즉, 해, 달, 별 등이 펼쳐져 있는 우주공간이다. 그리고 '셋째 하늘'이라고 말한다. 헬라어로 '우라노스(ouranos)'라고 하는데, 하나님이 계시는 특별한 공간을 뜻한다. 사도 바울은 이 신비로운 곳을 '삼층천', 또는 '낙원'이라고 표현한다(고린도후서 12:2,4). 또 사도 요한은 '하나님의 보좌가 있는 곳'이라고 표현하기도 했다.

그런데 현대인들은 이처럼 화려하고 찬란한 천국의 영광을 제대로 보지 못한 채 살아간다. 현실에 너무 치중하여 살다 보니 천국을 상상할 영혼의 여유가 없는 것이다. 그러나 우리가 성령으로 충만하면 천국을 생생하게 바라보며 살 수 있다. 사도 요한은 요한계시록 4장 2절에서 이렇게 간증하고 있다.

내가 곧 성령에 감동되었더니 보라 하늘에 보좌를 베풀었고 그 보좌 위에 앉으신 이가 있는데 (요한계시록 4:2)

우리가 천국을 바라보지 못하는 것은, 육신의 수준에 멈춰 살기 때문이다. 성령으로 충만한 영성을 가지고 살아가면 보이는 세계가 달라진다. 즉 영성의 문제다.

천국의 영광을 바라보며 사는 사람이 승리자가 된다

요한계시록 4장에는 천국의 열 가지 특징이 나타난다.

1. 예수 믿는 사람만 들어간다. 하늘 문을 통과한 사람만 들어간다(1-2절. 3:20-21).
2. 예수님이 하늘 보좌에 앉아 계시는 곳이다(3절).
3. 성도들이 찬란한 영광을 누리는 곳이다(4절, 5:10).
4. 하나님께서 성도들을 안전하게 보호해 주시는 곳이다(5절).
5. 천국은 가장 아름다운 곳이고, 한없이 넓은 곳이다(4-6절).
6. 천국은 죄가 전혀 없는 곳이다(6절b).
7. 천국은 예수님께서 왕 노릇하는 곳이다(7절).
8. 천국은 하나님께 드리는 영광의 예배가 넘치는 곳이다(8-9절).
9. 천국은 성도들에게 면류관과 상급이 주어지는 곳이다(4,10절).
10. 천국은 우주만물이 새롭게 창조된 곳이다. 새 하늘과 새 땅이다(11절).

그곳은 우리 모두가 가고 싶고, 살고 싶은 곳이다. 하나님은 바로 그 천국을 섬에서 유배생활을 하고 있는 사도 요한에게 보여 주셨다. 이것은 곧 이 땅에서의 삶이 아무리 고달프고 힘들어도 하늘의 영광을 바라보며 살아가라는 의미였다. 하늘의 영광을 바라볼 때 승리자가 될 수 있다는 것이다.

많은 그리스도인들이 믿지 않는 사람들과 별 차이 없이 살아가는 이유가 여기에 있다. 천국을 바라보며 살아가야 함에도 불구하고, 세상 사람들과 동일하게 세상만 바라보고 살기 때문이다. 세상 사람들이 원하는 것을 원하고 꿈꾸는 것을 꿈꾸며 살아가면, 우리 삶의 수준은 이 땅에 멈출 수밖에 없다.

사도 요한은 우리가 바라보며 살아야 할 천국에 두 그룹의 승리자가 있다고 이야기한다. 첫째, 이 땅에서 '믿음으로 승리한 성도들'로 금 면류관을 쓰고 있다.

또 보좌에 둘려 이십사 보좌들이 있고 그 보좌들 위에 이십사 장로들이 흰

옷을 입고 머리에 금관을 쓰고 앉았더라 (요한계시록 4:4)

여기에 나타난 '스물네 명의 장로'는 구약과 신약 시대에 하나님께 선택받은 하나님의 사람들을 의미한다.

둘째, 이 지상에서 '십자가로 승리하신 예수님'으로 찬란한 영광의 모습으로 계신다.

첫째 생물 사자란, 마태복음에 나타난 왕이신 예수님을 의미한다. 둘째 생물 송아지는 마가복음에 나타난 희생제물, 종으로 오신 예수님을 뜻한다. 셋째 생물 사람은 누가복음에서 강조하는 우리와 같은 몸으로 오신 예수님을 말한다. 마지막으로 넷째 생물 독수리는 요한복음에서 신성을 강조한 천상의 왕이신 예수님이다. 바로 그 예수님이 승리자로 계시는 곳이 천국이다.

요한계시록이 보여 주는 천국의 드라마는 우리가 천상의 영광을 바라보며 살수록 이 세상에서도 넉넉한 승리자가 될 수 있다는 위로와 희망의 메시지다. 한 신학자는 이 메시지를 이렇게 해석했다. "하늘의 영광을 본 자라야 땅의 비극을 이겨낼 수 있다. 하나님의 영광을 본 자라야 사람됨의 수치와 실패를 극복할 수 있다."

본문의 절정은 성도들이 하나님의 보좌 앞에서 각자 자신이 받은 면류관을 벗어 드리는 멋진 광경이다.

여기서 그들이 하나님께 바치는 면류관은 헬라어로 '스테파노스'다. 이것은 승리자가 받는 면류관이다. 이 말씀은 우리에게 거룩한 꿈을 꾸게 한다. 천국을 바라보며 살아가는 것에 멈추지 않고, 나중에 하늘나라에서 자신의 면류관을 하나님께 드리는 더 큰 영광을 바라보며 살라는 도전이다.

천국의 찬란한 영광을 바라보며 사는 만큼 승리자가 될 수 있다. 그러므로 우리는 세상에 속한 자가 아니라, 하늘에 속한 자로 살아가야 한다. 또한 육신에 속한 자가 아니라, 영에 속한 자로 살아가야 한다. 즉 이것은 천국에 올라가서 하나님께 면류관을 바칠 수 있는 삶을 살라는 메시지다.

 나에게 묻다

많은 그리스도인이 믿지 않는 사람들과 별 차이 없이 살아가는 이유는 천국을 바라보며 살아가야 함에도 불구하고, 세상 사람들과 동일하게 세상만 바라보고 살기 때문이다. 세상 사람들이 원하는 것을 원하고 꿈꾸는 것을 꿈꾸며 살아가면, 우리 삶의 수준은 이 땅에 멈출 수밖에 없다.
이 땅에서의 삶이 아무리 고달프고 힘들어도 하늘의 영광을 바라보며 살아가야 한다. 하늘의 영광을 바라볼 때 승리자가 된다.

"요즘 당신의 가장 큰 관심사는 무엇입니까?"

1 내가 보매 보좌에 앉으신 이의 오른손에 두루마리가 있으니

안팎으로 썼고 일곱 인으로 봉하였더라

2 또 보매 힘있는 천사가 큰 음성으로 외치기를

누가 그 두루마리를 펴며 그 인을 떼기에 합당하냐 하나

3 하늘 위에나 땅 위에나 땅 아래에 능히

그 두루마리를 펴거나 보거나 할 자가 없더라

4 그 두루마리를 펴거나 보거나 하기에 합당한 자가

보이지 아니하기로 내가 크게 울었더니

5 장로 중의 한 사람이 내게 말하되 울지 말라

유대 지파의 사자 다윗의 뿌리가 이겼으니

그 두루마리와 그 일곱 인을 떼시리라 하더라

10
CHAPTER

승리자들의 천상축제

요한계시록의 중심단어는 '승리와 영광'이다. 따라서 요한계시록의 핵심 줄거리는 이 세상에서 신앙생활에 승리한 성도들이 누리게 될 미래의 영광이다. 즉 요한계시록은 하나님 나라의 그 찬란한 영광을 미리 우리에게 보여 주는 글이다. 이 세상의 어떤 종교도 내세의 찬란한 영광을 이처럼 구체적이고 실제적으로 보여 주지 못한다. 오직 기독교만이 우리가 앞으로 들어가 살게 될 하나님 나라의 영광을 미리 보여 준다. 그래서 우리는 이 땅에서 세상 사람들과 다른 삶을 살 수 있는 것이다.

그런데 그 하늘나라의 찬란한 영광의 비밀을 과연 누가 보여 줄 수 있을까? 누가 그 신비한 광경을 먼저 보고, 말해 줄 수 있을까? 사도 요한은 그 영광을 매우 보고 싶었다. 요한은 고독한 유배지에서 많은 고생을 하고 있었기에 천국의 영광이라도 미리 보아야 위로를 얻을 수 있었다. 하지만 그 비밀스런 이야기의 인봉을 뗄 수 있는 자가 없었다. 그 찬란한 영광을 속 시원하게 보여줄 자가 없었다.

희생을 통해 이루어진 승리

요한은 찬란한 영광을 보고 싶은 마음에 큰 소리로 울었다.

> **그 두루마리를 펴거나 보거나 하기에 합당한 자가 보이지 아니하기로 내가**
> **크게 울었더니** (요한계시록 5:4)

그때 천국의 보좌 앞에 있는 24장로 중 한 사람이 나타나 요한에게 울지 말라고 위로하며 이렇게 말한다.

> **장로 중의 한 사람이 내게 말하되 울지 말라 유대 지파의 사자 다윗의 뿌리**
> **가 이겼으니 그 두루마리와 그 일곱 인을 떼시리라 하더라** (요한계시록 5:5)

그 두루마리의 인봉을 뗄 수 있는 분은 곧 예수님이다. 예수님은 사자와 같은 승리자이시기에 천국 비밀의 봉인을 떼어 우리에게 보여 주실 수 있다. 요한계시록이 바로 예수님께서 직접 보여 주시는 천국 이야기다.
그런데 요한계시록에서 좀 더 중점적으로 다루며 강조하려는 주제는 예수님께서 사자처럼 승리하시기까지 엄청난 희생을 치르셨다는 것이다. 영광스런 승리 이면에는, 피 흘림이라는 희생의 대가가 있었다.

> 내가 또 보니 보좌와 네 생물과 장로들 사이에 한 어린 양이 서 있는데 일찍
>
> 이 죽임을 당한 것 같더라 그에게 일곱 뿔과 일곱 눈이 있으니 이 눈들은 온
>
> 땅에 보내심을 받은 하나님의 일곱 영이더라 그 어린 양이 나아와서 보좌에
>
> 앉으신 이의 오른손에서 두루마리를 취하시니라 (요한계시록 5:6-7)

이처럼 요한계시록은 천상에서 승리의 영광을 누리고 계시는 예수님이 이 세상에서는 어린 양이셨음을 상기시켜 준다. 예수님께서 하늘의 영광을 누리시기까지 그분은 이 땅에서 어린 양으로 희생 제물이 되셨고, 십자가 위에서 속죄양이 되셨음을 강조한다. 그래서 계시록에서는 예수님께서 어린 양으로 희생제물이 되셨음을 29번이나 반복한다. 피 흘림의 헌신과 희생이 있었기에 하늘에서 승리의 영광을 누리고 계시다는 것을 거듭 이야기한다.

이러한 강조를 통해 전하려는 것은, 그런 예수님만이 하나님 나라 계시의 비밀을 기록해 놓은 인봉을 떼기에 '합당하신 분'이라는 사실이다. 5장은 그것을 4번이나 반복하여 찬양한다 (2,4,9,12절). 특히 9절과 12절에서는 하늘에 있는 성도들이 우렁찬 목소리로 선포하는 모습을 보여 준다.

> 그들이 새 노래를 불러 이르되 두루마리를 가지고 그 인봉을 떼기에 합당

하시도다 일찍이 죽임을 당하사 각 족속과 방언과 백성과 나라 가운데에서

사람들을 피로 사서 하나님께 드리시고 (요한계시록 5:9)

큰 음성으로 이르되 죽임을 당하신 어린 양은 능력과 부와 지혜와 힘과 존

귀와 영광과 찬송을 받으시기에 합당하도다 하더라 (요한계시록 5:12)

이 세상에서 모진 고난을 당하고, 아픔과 상처로 얼룩진 희생을 치르고, 십자가에 못 박혀 죽기까지 헌신했기에 하늘에서 승리의 영광을 누리는 것은 합당하다는 선언이다.

믿음의 헌신 뒤에 있는 하늘의 상급

요한계시록 5장은 이 세상에서 바르게 살려고 발버둥치는 성도들을 위로하고 격려하는 축복의 메시지다. 우리가 이 세상에서 신앙인답게 살려고 애쓰고, 고생하고, 희생한 만큼 하늘에서 승리의 영광을 누린다. 이처럼 희생이 있는 곳에는 반드시 영광이 있다. 십자가 다음에 면류관이 있는 것이다.

땀 흘림(sweat)이 있는 곳에 기쁨(sweet)이 있다. 성경에서 말하는 '축복(blessing)'이라는 단어는 '피 흘림(bleeding)'이라는 단어에서 나왔다. 환난과 핍박이라는 굶주림(fasting) 다음에 천상에서의 잔치(feasting)가 베풀어진다.

이 세상에서 비통한 눈물(grief)을 쏟은 만큼 하나님 나라에서 영광(Glory)을 누린다.

사도 바울은 고린도전서 15장에서 우리의 수고는 결코 헛되지 않다고 말한다.

> 그러므로 내 사랑하는 형제들아 견실하며 흔들리지 말고 항상 주의 일에 더
> 욱 힘쓰는 자들이 되라 이는 너희 수고가 주 안에서 헛되지 않은 줄 앎이라
>
> (고린도전서 15:58)

믿음을 위한 헌신과 인내 뒤에는 반드시 상급과 축복과 영광스러운 면류관이 주어진다. 이 세상에서 애쓰고 수고한 만큼 우리는 하나님 나라에서 승리의 영광을 누리는 자가 될 것이다.

우리나라 기독교 초기에 미국에서 전라남도 광주로 온 의료선교사 엘리자베스 쉐핑(Elisabeth J. Shepping, 1880-1934), 한국 이름으로 '서서평'이라는 분이 있었다. 그녀는 22년 동안 간호사로서 이 나라를 위해 애썼다. 미국인이었지만 다 떨어진 검정 고무신을 신고 다니며 선교활동을 했다. 선교 비용을 가난한 사람들을 돌보는 일에 사용하여 정작 자신은 여러 차례 영양실조에 걸리기도 했다. 특히 버림받은 한센병 환자들을 자신의 집으로 데려다 씻어 주고 보살펴 주었다. 그의 선교는 한마디로 '희생적 헌신'이었다. 1934년 6월 26일, 선교사역 22년 만인 당년 54세 때 과로로 쓰러져 하늘의 부름을 받았는데, 사망원인은 영양실조였다. 우리나라의 가난하

고 헐벗은 사람들을 먹이고 돌보느라 자신의 몸은 신경 쓰지 못했던 것이다. 그의 좌우명은 매우 감동적이다. 'Not success, but service.' 오늘의 한국교회는 이처럼 자신의 목숨을 아까워하지 않은 수많은 선교사들의 희생으로 이루어진 것이다.

2015년에 흥행한 영화 중에 '국제시장'이라는 영화가 있다. 오늘의 대한민국이 있기까지 얼마나 많은 고귀한 헌신과 희생이 따랐는지를 감동적으로 보여 주는 영화다. 특히 1950년 6·25 전쟁 중 중공군의 참전으로 미군과 아군이 후퇴하는 과정에서 10만 명에 달하는 피난민들을 남쪽으로 구출시킨 흥남철수작전 내용이 큰 감명을 준다.

1950년 12월 24일 미국 군함 빅토리아 호는 미국 병사들과 모든 군사 장비를 싣고 철수한다. 이때 대한민국 육군 제 1군단장이었던 김백일 소장은 미군 해병대 사령관 에드워드 알몬드를 찾아가 무기보다 사람의 생명이 더 중요하니, 군사 장비를 다 버리고 피난민들을 태워달라고 간곡하게 호소한다. 알몬드 사령관의 고문관이었던 훌륭한 크리스천 의사 현봉학 박사도 통역관으로 동행하여 그에게 애절하게 호소한다.

"우리는 피난민들을 반드시 데리고 가야 합니다. 이 사람들을 버리고 갈 수는 없습니다. 이들 중 상당수가 기독교인이기 때문에 곧바로 중공군들한테 몰살당할 것입니다. 만약 미군이 피난민들을 두고 간다면 우리 국군이 그들을 엄호하면서 육로로 후퇴하겠습니다."

이 같은 눈물의 호소로 알몬드 사령관은 4천 명밖에 탈 수 없는 그 군함에 1만4천 명의 사람들을 승선시켜서 구출한다. 이 배는 '단일선반으로 가장 큰 규모의 구조작전을 수행한 배'라는 타이틀로 기네스북에 등재되기도 했다. 이것은 '크리스마스의 기적'이라고 불리기도 한다.

이런 과정을 통해 결국 10만 명이 넘는 피난민들을 탈출시켰다. 그야말로 '한국판 쉰들러 작전'이라고 말할 수 있다. 그래서 김백일 장군과 현봉학 박사를 '한국의 쉰들러', '대한민국의 모세'라고 명명하기도 한다.

우리는 무슨 일을 하든지 이런 소명의식과 사명감이 있어야 한다. 우리가 어떤 일에서든지 위대한 성과를 내려면 반드시 눈물과 땀 흘림의 희생이 있어야 한다. 세계 제 2차 대전에서 영국이 독일을 이긴 비결이 무엇이었느냐는 질문에 윈스턴 처칠(Winston Churchill)은 이렇게 대답했다. "눈물과 땀과 피 흘림이다."

영광의 나라 천국에서 예수님과 함께 승리의 축제에 참석한 사람들은 이 땅에서 많은 눈물과 기도로 자신을 바치고 희생한 그리스도인들이다 (8-11절).

그 두루마리를 취하시매 네 생물과 이십사 장로들이 그 어린 양 앞에 엎드려 각각 거문고와 향이 가득한 금 대접을 가졌으니 이 향은 성도의 기도들이라 그들이 새 노래를 불러 이르되 두루마리를 가지시고 그 인봉을 떼기에 합당하시도다 일찍이 죽임을 당하사 각 족속과 방언과 백성과 나라 가운데에서 사람들을 피로 사서 하나님께 드리시고 그들로 우리 하나님 앞에서 나라와 제사장들을 삼으셨으니 그들이 땅에서 왕 노릇 하리로다 하더라 내가 또 보고 들으매 보좌와 생물들과 장로들을 둘러 선 많은 천사의 음성이 있

으니 그 수가 만만이요 천천이라 (요한계시록 5:8-11)

예수님께서는 이 세상에서 믿음을 위해 헌신과 희생의 삶을 사는 사람들을 하나님 나라의 제사장이 되게 하시고, 하늘나라에서 왕 노릇하게 하신다(10절). 우리가 이 땅에서 겸손히 섬기고 헌신하는 만큼 하나님 나라에서 승리의 영광을 누리는 축제 인생을 살게 된다는 약속이다.

교회 안에도 고귀한 봉사자들이 많이 있다. 자신을 드러내지 않고, 침묵으로 정진하는 신앙으로 섬긴다. 오히려 많은 아픔과 상처, 시련과 연단을 받으며 헌신한다. 교회에서는 앞장서서 헌신하는 사람일수록 시험받을 일이 많다. 목회자를 비롯해서 중직자나 리더일수록 상처가 많다. 헌신하고 있는 사람일수록 요한계시록 말씀으로 위로를 받기를 바란다.

너는 면류관을 받기에 합당한 자야 (요한계시록 5:12 참조)

하늘의 영광을 바라보며 기꺼이 헌신의 길, 희생의 길을 꿋꿋하게 걸어가는 그리스도인이 되기를 바란다. 그러한 헌신을 마다하지 않을 때, 우리도 예수님처럼 하늘의 영광을 누리기에 '합당한 자'라고 칭찬받을 것이다. 내가 드러나는 자리가 아니라 오직 하나님이 드러나시는 자리를 지키며, 맡겨진 일을 묵묵히 해 나갈 때, 하늘의 상급과 축복을 받기에 합당한 자가 될 것이다.

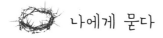 **나에게 묻다**

예수님께서는 이 세상에서 믿음을 위해 헌신한 사람들을 하나님 나라의 제사장이 되게 하신다. 그리고 하늘나라에서 왕 노릇하게 하신다. 우리가 이 땅에서 겸손히 섬기고 헌신하는 만큼 하나님 나라에서 승리의 영광을 누리는 축제 인생을 살게 된다는 약속이다.

내가 드러나는 자리가 아니라 오직 하나님이 드러나시는 자리를 지키며, 맡겨진 일을 묵묵히 해 나갈 때, 하늘의 상급과 축복을 받기에 합당한 자가 될 것이다. 하늘의 영광을 바라보며 기꺼이 헌신의 길, 희생의 길을 꿋꿋하게 걸어가는 그리스도인이 되기로 다짐하자.

"당신은 남에게 드러나지 않는 자리에서도 헌신할 수 있습니까?"

1 내가 보매
어린 양이 일곱 인 중의 하나를 떼시는데
그 때에 내가 들으니 네 생물 중의 하나가
우렛소리 같이 말하되 오라 하기로
2 이에 내가 보니 흰 말이 있는데
그 탄 자가 활을 가졌고 면류관을 받고 나아가서
이기고 또 이기려고 하더라

11
CHAPTER

중심 잡고
굳게 서기

요즘 각광받고 있는 학문 분야 중 하나가 '미래학'이다. 옛날에는 인류의 과거 역사를 중시했다면, 최근에는 미래를 예측하는 연구와 책들이 봇물처럼 쏟아져 나오고 있다. 어떤 미래가 펼쳐질 것인지 관심이 많은 것이다.

그런데 성경은 미래학의 오리지널 교과서다. 특히 요한계시록은 인간과 세상의 미래 역사를 구체적으로 조명해 준다. 무엇보다도 역사의 주권자는 하나님이심을 천명하고, 세상만사는 오직 하나님의 주권 아래 있음을 확실하게 보여 준다. 따라서 요한계시록을 제대로 이해하려면 하나님께서 세상과 교회를 어떻게 점진적으로 이끌어 가시는지 반추하면서 해석해야 한다.

드디어 요한은 예수님께서 단계적으로 보여 주시는 세상의 미래 전개과정을 차례차례 보게 된다. 이것은 요한계시록 6장부터 19장까지 이어진다. 다음과 같은 그림으로 정리해 볼 수 있다.

요한계시록에 나타난 나팔과 대접																			
일곱 인봉 6:1-17, 8:1-2 · 일곱 나팔 8:2-9:21, 11:15-19 · 일곱 대접 16:1-21																			

인의 순서	1	2	3	4	5	6	7나팔 재앙						7째 나팔						
							1	2	3	4	5	6	7대접 재앙						
													1	2	3	4	5	6	7
재앙의 종류	흰말 (백마/정복)	붉은 말 (전쟁)	검은 말 (기근)	청황색 말 (죽음과 음부)	순교자의 무리	일월성신의 변화	피섞인 우박과 불	큰 불붙는 산을 바다에	떨어진 별이 물샘에 덤	해와 달과 별의 침을 받음	황충의 재앙	유브라데 강의 전쟁	독한 종기	바다가 피가 됨	물 근원이 피가 됨	징승의 보좌를 침	태양의 권세	아마겟돈 전쟁	공기에 대접을 쏟음
재앙의 수량			1/4				1/3	1/3	1/3			1/3							

성경은 성경으로 해석할 때 더 큰 의미를 찾을 수 있다. 인류 역사의 미래 종말이 어떻게 진행될지에 대한 이야기는 요한계시록에서 갑자기 등장한 것이 아니다. 이미 구약의 이사야서, 다니엘서, 에스겔서 등에서부터 수없이 예언되어 왔다. 그러다가 종말 사건에 대해 보다 구체적으로 이야기하신 분이 바로 예수님이다.

인류 미래의 계시가 구체적으로 시작된다

예수님의 종말론 메시지는 마태복음 24장에서 시작된다. 그리고 그 종말론이 요한계시록 6장에서 좀 더 체계적으로 설명되고 있다.

마태복음 24장	요한계시록 6장
거짓 그리스도 세력(4-5절)	흰말을 탄 자(1-2절)
전쟁의 확산(6절)	붉은 말을 탄 자(3-4절)
기근(7상절)	검은 말을 탄 자(5-6절)
죽음(7하-8절)	청황색 말을 탄 자(7-8절)
기독교 박해(9절)	제단에 바쳐진 순교자들(9-11절)
전 세계적인 카오스(10-13절)	전 세계적인 카오스(12-17절)

드디어 6장에서 하늘 보좌에 계신 예수님께서 인류 미래의 계시를 하나 씩 떼기 시작하신다. 우리는 어린 양 예수님께서 일곱 봉인을 하나씩 떼실 때마다 반복하는 단어를 주시해야 한다. 그것은 바로 '(올라)와서, 보라'이 다. 이 세상의 미래가 어떻게 진행될지 땅에서, 아래에서 보는 것이 아니라 하늘에서, 위에서 보라는 것이다.

이 땅의 많은 미래학자들은 미래를 이 땅에서 예측한다. 아무리 많은 통 계 자료를 기본으로 하여 분석한다고 해도 그들의 연구에는 한계가 있다. 수평적인 시각에 머물러 있기 때문이다. 그런데 성경은 우리에게 인류 역 사의 미래가 어떻게 될지에 대해 하나님의 관점과 해석으로 보라고 초청한 다. 영적 시선을 가지라는 것이다. 이러한 시선을 가질 때, 요한계시록 6 장의 내용만 관찰하더라도 우리는 인류 역사의 점진적 진행과정을 선명하 게 볼 수 있다.

첫째, 흰색 말을 탄 자가 등장한다.

이에 내가 보니 흰 말이 있는데 그 탄 자가 활을 가졌고 면류관을 받고 나아

가서 이기고 또 이기려고 하더라 (요한계시록 6:2)

백마를 타고 등장하는 자의 정체에 대한 해석은 다양하다. 그중 가장 보편적인 해석은 예수님으로 가장한 적그리스도와 악의 세력(이단)이다. 본문을 자세히 관찰해 보면, 그들의 특징은 힘차게 전 세계로 뻗어나가며, 계속 새로운 곳을 정복해 나가고 있음을 알 수 있다. 즉 적그리스도의 세력이 팽창하는 것을 의미한다.

둘째, 붉은 말을 탄 자가 등장한다. 이것은 세상에서 전쟁이 점점 악화되어 가는 것을 의미한다.

둘째 인을 떼실 때에 내가 들으니 둘째 생물이 말하되 오라 하니 이에 다른

붉은 말이 나오더라 그 탄 자가 허락을 받아 땅에서 화평을 제하여 버리며

서로 죽이게 하고 또 큰 칼을 받았더라 (요한계시록 6:3-4)

20세기 냉전시대가 끝난 후, 세계는 전쟁 없는 자유로운 세상이 도래할 것을 기대했지만 지구촌 곳곳에는 전쟁이 훨씬 더 많아졌다.

셋째, 검은 말을 탄 자가 등장한다. 이것은 경제가 악화되어 가는 것을 의미한다.

셋째 인을 떼실 때에 내가 들으니 셋째 생물이 말하되 오라 하기로 내가 보니

> 검은 말이 나오는데 그 탄 자가 손에 저울을 가졌더라 내가 네 생물 사이로
>
> 부터 나는 듯한 음성을 들으니 이르되 한 데나리온에 밀 한 되요 한 데나리
>
> 온에 보리 석 되로다 또 감람유와 포도주는 해치지 말라 하더라
>
> (요한계시록 6:5-6)

전 세계는 날이 갈수록 빈익빈 부익부의 양극화가 심해지고 있다. 어떤 형태의 정치체제도 이것에 대한 뚜렷한 답을 제시하지 못하고 있다.

넷째, 청황색 말을 탄 자가 등장한다. 과학문명의 교만으로 인해 큰 재난을 초래한다는 의미다.

> 넷째 인을 떼실 때에 내가 넷째 생물의 음성을 들으니 말하되 오라 하기로
>
> 내가 보매 **청황색 말**이 나오는데 그 탄 자의 이름은 사망이니 음부가 그 뒤
>
> 를 따르더라 그들이 땅 사분의 일의 권세를 얻어 검과 흉년과 사망과 땅의
>
> **짐승들로써 죽이더라** (요한계시록 6:7-8)

영어성경에서는 '창백한 말'이라고 표현하고 있다. 이것은 시체의 색깔을 나타내는 것으로, 죽음의 공포와 전율을 느끼게 한다. 실제로 인간의 과학문명은 이 세상을 한순간에 지옥으로 만들 수 있는 많은 위험요소를 안고 있다. 인간이 만든 것이 인간을 위협하는 존재가 된 것이다.

다섯째, 흰옷 입은 승리자들이 등장한다. 교회와 성도들은 박해와 고난을 감내해야 하는 것을 의미한다.

다섯째 인을 떼실 때에 내가 보니 하나님의 말씀과 그들이 가진 증거로 말미암아 죽임을 당한 영혼들이 제단 아래에 있어 큰 소리로 불러 이르되 거룩하고 참되신 대주재여 땅에 거하는 자들을 심판하여 우리 피를 갚아 주지 아니하시기를 어느 때까지 하시려 하나이까 하니 각각 그들에게 흰 두루마기를 주시며 이르시되 아직 잠시 동안 쉬되 그들의 동무 종들과 형제들도 자기처럼 죽임을 당하여 그 수가 차기까지 하라 하시더라 (요한계시록 6:9-11)

이 땅의 교회는 세상이 끝날 때까지 끊임없이 핍박과 박해를 받게 된다. 따라서 예수님이 재림하실 때까지 순교자의 숫자는 늘어날 것이다.

여섯째, 큰 진노의 날이다. 이것은 전 세계가 카오스 상태가 될 것을 의미한다.

내가 보니 여섯째 인을 떼실 때에 큰 지진이 나며 해가 검은 털로 짠 상복 같이 검어지고 달은 온통 피 같이 되며 하늘의 별들이 무화과나무가 대풍에 흔들려 설익은 열매가 떨어지는 것 같이 땅에 떨어지며 하늘은 두루마리가 말리는 것 같이 떠나가고 각 산과 섬이 제 자리에서 옮겨지매 땅의 임금들과 왕족들과 장군들과 부자들과 강한 자들과 모든 종과 자유인이 굴과 산들의 바위 틈에 숨어 산들과 바위에게 말하되 우리 위에 떨어져 보좌에 앉으신 이의 얼굴에서와 그 어린 양의 진노에서 우리를 가리라 그들의 진노의 큰 날이 이르렀으니 누가 능히 서리요 하더라 (요한계시록 6:12-17)

이 세상은 자연환경과 생태계의 파괴로 큰 격변이 일어난다. 세계 도처에서 큰 지진이 일어나 지각변동이 생기고, 일기의 변화를 예측할 수도 없게 될 것이다(12-14절). 동시에 세계정세는 혼돈 상태가 된다.

굳게 버티는 사람이 승리한다

결론은 이것이다. 이런 환경 가운데서도 우리는 끝까지 믿음으로 굳게 서야 한다는 것이다. 세상은 우리에게 더 많은 기도를 요구하고 있다. 우리가 무릎의 힘으로 산다면, 그 어떤 풍파에도 흔들리지 않을 것이다. 더욱 견고한 믿음을 가지고 굳게 설 수 있을 것이다.

6장의 메시지는 매우 긴장감 있는 질문으로 귀착한다.

누가 능히 서리요 하더라 (요한계시록 6:17)

과연 누가 견디낼 수 있겠느냐는 질문이다. 하지만 이것은 아무도 견딜 수 없다는 부정적인 의미가 아니다. 오히려 예수님은 "끝까지 굳게 서 있기만 하면 이긴다."는 승리의 약속, 소망의 메시지를 주신다.

그러나 끝까지 견디는 사람은 구원을 얻을 것이다 (마태복음 24:13)

이것은 로마 시대의 검투사나 운동선수들이 보여 주는 자세다. 중심을 잘 잡고 굳게 서 있는 선수가 이긴다. 적에게 잠깐 몰리더라도 자세가 흔들리지 않고, 끝까지 굳게 버티는 자가 결국 이긴다.

어떤 혼란스러운 상황에서도 중심이 흔들리지 않는 사람이 승리자가 된다. 중심을 제대로 잡고, 견고한 믿음으로 견디면 니카오 신자, 즉 승리하는 신자가 될 수 있음을 믿으며 나아가자.

 나에게 묻다

세상은 우리에게 더 많은 기도를 요구하고 있다. 우리가 무릎의 힘으로 산다면, 그 어떤 풍파에도 흔들리지 않을 것이다. 예수님은 "끝까지 굳게 서 있기만 하면 이긴다."는 소망을 주신다.

적에게 잠깐 몰리더라도 자세가 흔들리지 않고, 끝까지 굳게 버티는 자가 결국 이긴다. 어떤 혼란스러운 상황에서도 중심이 흔들리지 않는 사람이 승리자가 된다.

"당신이 쉽게 흔들리는 상황이나 감정은 무엇입니까?"

11 모든 천사가 보좌와 장로들과 네 생물의 주위에 서 있다가

보좌 앞에 엎드려 얼굴을 대고 하나님께 경배하여

12 이르되 아멘 찬송과 영광과 지혜와 감사와

존귀와 권능과 힘이 우리 하나님께 세세토록 있을지어다 아멘 하더라

13 장로 중 하나가 응답하여 나에게 이르되

이 흰 옷 입은 자들이 누구며 또 어디서 왔느냐

14 내가 말하기를 내 주여 당신이 아시나이다 하니

그가 나에게 이르되 이는 큰 환난에서 나오는 자들인데

어린 양의 피에 그 옷을 씻어 희게 하였느니라

12
CHAPTER

하나님 나라
환상

요한계시록의 내용은 입체적으로 전개된다. 지상에서 펼쳐지는 종말드라마를 차근차근 보여 준다. 마치 3D 영상처럼 보여 준다.

특히 하나님의 나라와 성도들을 핍박하는 환난을 5번에 걸쳐 예고한다 (1:9. 2:9,10,22. 7:14). 따라서 7장 1절은 '이 일 후에 내가 보았다'는 표현으로 시작한다.

> 이 일 후에 내가 네 천사가 땅 네 모퉁이에 선 것을 보니 땅의 사방의 바람
>
> 을 붙잡아 바람으로 하여금 땅에나 바다에나 각종 나무에 불지 못하게 하더
>
> 라 (요한계시록 7:1)

사도 요한이 선명하게 보고 있는 상황은 이렇다. 사탄의 세력은 세상에서 하나님의 나라와 성도들을 사방에서 옥죄며 더욱 박해한다. 오늘날의 현상을 살펴보아도 알 수 있다. 전 세계적으로 그리스도인이 받는 박해는 계속 악화되고 있다. 이슬람 극단주의 세력은 상위 50개 국가 중 40개 국가에서 더욱 심하게 핍박하고 있다. 중동 지역과 아프리카 지역에서는 그리스도인을 향한 무자비한 박해로 수많은 사람들이 처참하게 희생되고 있다. 최근 이집트에서는 콥트교회 성도들이 IS에 의해 끔찍하게 죽임을 당하기도 했다. 중동과 중앙아프리카 일부 지역에서는 지난 100년 동안 평화롭게 지내온 기독교 공동체가 전부 사라지고 있다고 보도한다.

22억의 기독교인 중 어떤 형태로든 괴롭힘을 당하고 있는 비율이 약 1/3 정도라고 한다. 냉전시대에는 공산주의자에게 고난을 받았고, 현재는 무슬림과 힌두교에 의해 고통을 받고 있다. 게다가 21세기 종교다원주의 시대가 도래하면서 기독교를 핍박하는 세력은 세계 곳곳에서 등장하고 있다.

요한계시록은 이천 년 전부터 이런 환난이 더욱 극심해질 것을 예고하고 있다. 하지만 우리에게는 소망이 있다. 하나님께서 이 세상에서 고난당하고 있는 성도들을 결코 방관하지 않으시고, 반드시 돌보아 주시기 때문이다.

요한계시록 7장은 어떤 환상을 보여 주는가?

안전한 보호환상이다

요한은 하나님께서 우리를 얼마나 안전하게 보호해 주시는지 기록한다.

> 또 보매 다른 천사가 살아 계신 하나님의 인을 가지고 해 돋는 데로부터 올라와서 땅과 바다를 해롭게 할 권세를 받은 네 천사를 향하여 큰 소리로 외쳐 이르되 우리가 우리 하나님의 종들의 이마에 인치기까지 땅이나 바다나 나무들을 해하지 말라 하더라 (요한계시록 7:2-3)

마치 사자가 큰 소리로 포효하듯이 하나님은 우리의 생명을 안전하게 지켜 주시려고 천사들을 시켜서 큰 소리로 외치게 하신다. 우리를 안전하게 돌보실 뿐만 아니라 넉넉한 승리자가 되게 하시려고 하나님이 보내신 천사가 해 돋는 데서부터 올라와 큰 소리로 외치게 하신다(2절). 역사의 주관자는 하나님이시고, 하나님이 인간 세상을 직접 통치하신다는 것을 천명하고 있는 것이다.

그래서 예수님께서 말씀하신 대로, 하나님은 하나님이 구원하기로 작정한 사람은 한 영혼도 잃지 않으셨다. 본문 4절부터 8절까지는 하나님이 선택하신 사람들을 나타내는 상징적인 숫자, 14만 4천 명을 한 사람도 잃지 않고 돌보아 주신다고 분명하게 전하고 있다. 그야말로 '택자 구원', '택자 보호'다(요한복음 6:37. 39. 18:9).

하나님은 한 영혼도 잃지 않으시고, 모두를 구원하신다. 그래서 예수님은 우리에게 몸만 죽이는 자들을 두려워하지 말고, 영혼과 몸을 함께 멸망시키는 하나님을 경외하는 신앙으로 살라고 격려하신다. 하나님만이 우리를 구원해 주실 수 있는 분이기 때문이다.

몸은 죽여도 영혼은 능히 죽이지 못하는 자들을 두려워하지 말고 오직 몸과 영혼을 능히 지옥에 멸하실 수 있는 이를 두려워하라 (마태복음 10:28)

하나님은 당신이 선택하신 사람들을 능력의 손으로 꽉 붙잡고 돌보아 주신다. 그러므로 우리는 어떤 시험과 어려움을 당하더라도 주님께서 그분의 손으로 나를 붙잡아 주심을 믿고 살아가야 한다.

완전한 구원환상이다

요한계시록 7장의 제 2막은 더욱 힘차게 시작한다.

이 일 후에 내가 보니 각 나라와 족속과 백성과 방언에서 아무도 능히 셀 수 없는 큰 무리가 나와 흰 옷을 입고 손에 종려 가지를 들고 보좌 앞과 어린 양 앞에 서서 (요한계시록 7:9)

7장의 제 1막 드라마와 제 2막 드라마의 전개는 대단히 역동적이다. 이 세상에 살고 있는 성도들에게 동서남북에서 큰 환난의 바람이 불어온다고 해도, 하나님의 교회에서는 여전히 동서남북에서 몰려오는 수많은 사람들이 구원받는 역사가 이루어진다는 것이다. 즉 환난이 클수록 부흥도 크다. 큰 환난에 더 큰 부흥을 약속해 주시는 하나님 나라의 비전이다. 이것이 한국교회의 부흥역사이기도 하다.

나는 구소련이 무너지자마자 모스크바로 찾아간 적이 있다. 당시에 소련 지역에는 지하교회 성도가 매우 많았다. 목회자가 귀한 시대였기에 한국에서 목사가 온다는 소식을 듣고 그들은 세례를 받고자 시골 산 속에 있는 저수지로 모여들었다. 본문 말씀 그대로 동서남북에서 수많은 사람이 모여든 것이다. 이것이 하나님 나라의 부흥 현장이다.

예수님은 마가복음 16장에서도 '온 천하 만민이 구원받는 환상'을 보여 주셨다.

> 또 이르시되 너희는 온 천하에 다니며 만민에게 복음을 전파하라
>
> (마가복음 16:15)

지금도 세계 곳곳마다 교회의 놀라운 부흥이 힘차게 진행되고 있다. 그동안 천주교의 압박으로 눌려 있었던 남미 지역에서는 기하급수적인 부흥이 일어나고 있다. 인도네시아처럼 회교의 박해가 극심한 지역에서도 교회는 더욱 힘차게 사도행전적인 부흥을 이루고 있다. 공산주의의 압박이 심

한 중국이나 베트남에서도 누구도 막을 수 없는 부흥이 진행되고 있다. 역사의 어떤 소용돌이 속에서도 하나님의 선교는 더욱 힘차게 진행된다. 선교학에서는 이것을 'Missio Dei(하나님의 선교)'라고 말한다. 구원은 하나님이 하시는 일이다. 인간의 그 어떤 세력도 하나님의 구원역사를 가로막지 못한다.

7장에서는 하나님이 이루시는 이러한 구원에 대해 하늘에 있는 모든 천사와 장로가 감격하며 찬양하는 장면이 등장한다.

> 모든 천사가 보좌와 장로들과 네 생물의 주위에 서 있다가 보좌 앞에 엎드려 얼굴을 대고 하나님께 경배하여 이르되 아멘 찬송과 영광과 지혜와 감사와 존귀와 권능과 힘이 우리 하나님께 세세토록 있을지어다 아멘 하더라
>
> (요한계시록 7:11-12)

나는 이런 놀라운 부흥이 우리나라 통일과 함께 북한 땅에도 쓰나미처럼 몰려오리라고 믿는다. 지금 전 세계에서 북한이 기독교 박해 1위인 만큼 큰 부흥도 일등이 되리라 믿는다.

완벽한 승리환상이다

요한계시록 7장의 구조적 전개는 매우 역동적이다. 점층적으로 진행된

다. 이것을 간단한 도식으로 표현해 보면 다음과 같다.

『큰 환난 ⇒ 더 큰 부흥 ⇒ 더욱더 큰 영광』

『안전한 보호환상, 완전한 구원환상, 완벽한 승리환상』

우리가 올라가게 될 천국의 환상은 매우 황홀하다. 천국에는 흰 두루마기를 입은 수많은 성도가 모여 있다. 그들은 큰 환난을 이기고 천국에 올라온 자들이다(14절). 여기 '흰옷을 입은 자'라는 상징적 표현은 '승리자'를 뜻한다. 예수님의 십자가 보혈의 능력으로 세상을 이긴 사람들이다. 그들이 천국에서 얼마나 찬란한 영광을 누리는지 생생하게 보여 준다.

1) 그들은 하나님의 보좌 앞에 있다.

2) 그들은 밤낮 하나님의 성전에서 섬긴다.

3) 하나님이 그들에게 놀라운 은총을 베풀어 주신다.

4) 그들은 더 이상 배고프거나 목마르지 않는다.

5) 이 세상의 어떤 세력도 그들을 해칠 수 없다.

6) 예수 그리스도께서 사랑의 목자가 되셔서 생명수가 솟아나는 샘으로
   인도하신다.

7) 하나님께서 친히 그들의 눈에서 눈물을 말끔히 씻어 주신다.

이 세상에서 환난을 이기고 승리한 성도들을 위한 완벽한 축복이다. 하나님은 그들이 하늘에서 최고의 영광을 누리게 하신다. 그래서 예수님께서는 우리에게 이런 격려의 말씀을 해 주신다.

이것을 너희에게 이르는 것은 너희로 내 안에서 평안을 누리게 하려 함이라

세상에서는 너희가 환난을 당하나 담대하라 내가 세상을 이기었노라

(요한복음 16:33)

살아계신 하나님은 세상의 그 어떤 환난의 바람이 불어와도 그분의 손으로 바람을 꽉 잡으시고 우리를 돌보아 주신다. 하나님은 그분의 손으로 세상의 세력을 붙잡으셔서, 구원받는 사람을 날마다 더하신다. 그리고 이 세상에서 승리한 성도들을 천국의 축복을 누리는 영광의 자리에 앉혀 주신다. 그 하나님을 기억하며 앞으로 어떤 어려움과 환난이 닥쳐오더라도 하나님 나라의 승리를 바라보며 의연한 신앙으로 살아갈 것을 다짐하기 바란다.

시인 루퍼트 브룩(Rupert Brooke)은 그리스도인의 승리에 관해 이런 시를 들려준다.

"내가 어느 곳에 이르든지 나는 안전하리

나의 목숨을 앗으려는 수많은 환난을 신비로운 능력으로 막아주리

세상의 모든 안녕이 사라진 곳에서도,

모든 사람들이 타락하는 곳일지라도 나는 안전하리

비록 수족이 잘려 나갈지라도 나는 끝내 안전하리"

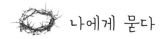 나에게 묻다

살아계신 하나님은 세상의 그 어떤 환난의 바람이 불어와도 손으로 바람을 꽉 잡으시고 우리를 돌보아 주신다. 하나님은 그분의 손으로 세상의 세력을 붙잡으셔서, 구원받는 사람을 날마다 더하신다. 그리고 이 세상에서 승리한 성도들을 천국의 축복을 누리는 영광의 자리에 앉혀 주신다.

어떤 어려움과 환난 속에서도 그 하나님을 기억하며 살아가는 것이 참된 믿음을 가진 사람의 태도다. 하나님 나라의 승리를 바라보며 의연한 신앙으로 살아갈 것을 다짐하자.

"당신을 붙드시는 하나님의 손길을 날마다 경험하며 살고 있습니까?"

3 또 다른 천사가 와서 제단 곁에 서서
금 향로를 가지고 많은 향을 받았으니 이는
모든 성도의 기도와 합하여 보좌 앞 금 제단에 드리고자 함이라
4 향연이 성도의 기도와 함께 천사의 손으로부터
하나님 앞으로 올라가는지라
5 천사가 향로를 가지고 제단의 불을 담아다가 땅에 쏟으매
우레와 음성과 번개와 지진이 나더라

13

하늘과 땅을
움직이는 기도

20세기 말엽 인도에서 25년 동안 선교한 웨슬리 듀웰(Wesley L. Duewel) 박사는 『기도로 세계를 움직이라』는 책을 썼다. 그는 책에서 인간이 사용할 수 있는 모든 자원 중 가장 강력한 자원은 '기도'라고 강조한다. 이 땅에서 드리는 기도가 하늘의 보좌를 움직이며, 세상 역사의 흐름을 좌지우지한다는 것이다. 이것이 요한계시록 8장 1-5절 사이의 내용이다.

일곱째 인을 떼실 때에 하늘이 반 시간쯤 고요하더니 내가 보매 하나님 앞에 일곱 천사가 서 있어 일곱 나팔을 받았더라 또 다른 천사가 와서 제단 곁에 서서 금 향로를 가지고 많은 향을 받았으니 이는 모든 성도의 기도와 합하여 보좌 앞 금 제단에 드리고자 함이라 향연이 성도의 기도와 함께 천사의 손으로부터 하나님 앞으로 올라가는지라 천사가 향로를 가지고 제단의

불을 담아다가 땅에 쏟으매 우레와 음성과 번개와 지진이 나더라

(요한계시록 8:1-5)

하나님께서 세상에 심판의 재앙을 내리시기 전에 세상이 잠시 고요함으로 들어가는 걸 알 수 있다. 긴장된 침묵, 거룩한 고요다. 이것은 곧 하나님께서 일곱 재앙의 나팔을 불기 전에 잠시 기다리시는 장면이다. 하나님은 세상을 한꺼번에 심판하지 않으시고, 오래 참으며 기다려 주신다. 우리가 회개할 수 있는 기회를 충분히 주시는 것이다. 베드로가 말하듯이 천년을 하루같이 참으면서 기다려 주신다.

사랑하는 자들아 주께는 하루가 천 년 같고 천 년이 하루 같다는 이 한 가지를 잊지 말라 주의 약속은 어떤 이들이 더디다고 생각하는 것 같이 더딘 것이 아니라 오직 주께서는 너희를 대하여 오래 참으사 아무도 멸망하지 아니하고 다 회개하기에 이르기를 원하시느니라 (베드로후서 3:8-9)

하나님께서 재앙보류와 단계적 심판으로 세상의 역사를 이끌어 가시는 것은 이 세상에 있는 성도들의 기도 때문이다. 우리가 가족과 이웃을 비롯한 사회의 구원을 위해 기도하고, 또 세계 열방을 향한 선교 지향적 기도를 드릴수록 하나님은 심판을 보류하신다. 그래서 하나님은 일곱 재앙을 조금씩 진행시켜 나가신다. 하나님은 죄악 된 세상을 향해 진노의 대접을 1/3씩만 쏟으신다. 세상 모든 사람이 깨닫고 돌아올 수 있는 기회를 끊임

없이 주시는 것이다.

노아홍수 심판 이전에도 이와 똑같은 방법으로 기회를 주며 기다려 주셨다. 소돔과 고모라 심판 때도 마지막 순간까지 기회를 주며 기다려 주셨다. 특히 아브라함의 중보기도 때문에 하나님은 최대한 기다리며 끝까지 기회를 주셨다. 하나님은 오늘도 천년을 하루처럼 여기며 참고 기다리신다.

따라서 나팔재앙에 대한 이야기가 진행되는 8장부터 11장까지의 줄거리는 '기다림, 기도, 기회' 이 세 단어로 압축할 수 있다. 이것이 나팔재앙 예고의 핵심 메시지다.

우선 나팔은 승리를 알리는 신호다. 하나님은 그 어떤 상황 속에서도 역사를 주관하신다는 상징적 메시지요, 동시에 성도들도 하나님과 함께 공동 승리자가 된다는 희망선포의 메시지다. 그렇다면 일곱 나팔재앙의 내용은 무엇일까?

일곱 나팔재앙

첫째 나팔재앙 : 땅의 1/3이 황폐화된다(6-7절).

하나님께서 이 세상의 죄를 징계하시고 심판하심에 따라 땅과 수목의 1/3이 심각하게 손상될 것이다. 농지와 산림이 줄어들고, 평야가 사막화되어 인류의 미래는 곡물전쟁으로 큰 어려움을 겪게 될 것이다. 인간의 타락과 함께 생태계가 점점 파괴되어 가기 때문이다.

> 일곱 나팔을 가진 일곱 천사가 나팔 불기를 준비하더라 첫째 천사가 나팔을
> 부니 피 섞인 우박과 불이 나와서 땅에 쏟아지매 땅의 삼분의 일이 타 버리
> 고 수목의 삼분의 일도 타 버리고 각종 푸른 풀도 타 버렸더라
> (요한계시록 8:6-7)

둘째 나팔재앙 : 바다의 1/3이 오염된다(8-9절).

날이 갈수록 바다의 재난이 늘어갈 것이다. 그리고 바다 속에서 화산이 폭발하여 쓰나미가 발생하고, 핵에너지와 방사선 유출로 바다의 생명이 치명적인 해를 입을 것이다.

> 둘째 천사가 나팔을 부니 불 붙는 큰 산과 같은 것이 바다에 던져지매 바다
> 의 삼분의 일이 피가 되고 바다 가운데 생명 가진 피조물들의 삼분의 일이
> 죽고 배들의 삼분의 일이 깨지더라 (요한계시록 8:8-9)

셋째 나팔재앙 : 강물의 1/3이 오염된다(10-11절).

전 세계가 기온의 불균형으로 대홍수가 일어나며 흙탕물이 범람할 것이다. 여러 가지 환경오염 물질로 무서운 전염병이 번져나가는데, 이것을 11절에서는 '쓴 쑥' 재앙이라고 표현한다. 수질오염 때문에 생수가 독물이 된다는 상징적 메시지라고 볼 수 있다.

셋째 천사가 나팔을 부니 횃불 같이 타는 큰 별이 하늘에서 떨어져 강들의

삼분의 일과 여러 물샘에 떨어지니 이 별 이름은 쓴 쑥이라 물의 삼분의 일

이 쓴 쑥이 되매 그 물이 쓴 물이 되므로 많은 사람이 죽더라

(요한계시록 8:10-11)

넷째 나팔재앙 : 천체계의 혼돈과 충돌이다(12-13절).

우리에게 천연 영양소를 공급해 주는 해, 달, 별이 제 기능을 발휘하지 못하게 된다. 인간이 만들어내는 공해와 오염물질로 오존층이 계속 파괴되기 때문이다. 특히 지구온난화로 인해 낮과 밤의 기온차가 커져서 북극과 남극의 빙하가 빨리 녹아내리며, 생태계가 걷잡을 수 없이 파괴되어 수없이 많은 암 질환이 생길 것이다.

넷째 천사가 나팔을 부니 해 삼분의 일과 달 삼분의 일과 별들의 삼분의 일

이 타격을 받아 그 삼분의 일이 어두워지니 낮 삼분의 일은 비추임이 없고

밤도 그러하더라 내가 또 보고 들으니 공중에 날아가는 독수리가 큰 소리로

이르되 땅에 사는 자들에게 화, 화, 화가 있으리니 이는 세 천사들이 불어야

할 나팔 소리가 남아 있음이로다 하더라 (요한계시록 8:12-13)

요한계시록 16장에 나타나는 일곱 대접진노 예고에서 살펴보겠지만, 해가 빛을 잃고 어두워지는 종말 현상이 곧 다가온다. 앞으로 우주세계는 소행성들이 서로 충돌하게 되는데, 인간이 마구잡이로 쏘아올린 인공위성

들도 함께 충돌하는 악재가 가속화될 것이다. 이런 불가항력적인 현상에 대하여 하늘을 나는 독수리가 큰 소리로 절규하며 외친다(13절).

제2차 세계대전이 막바지에 달하던 1945년 7월 16일 새벽 5시 30분, 미국의 뉴멕시코 사막에서 몇 백 개의 태양과 맞먹는 강렬한 빛을 발하는 폭발이 있었다. 바로 핵무기 실험이었다. 그 실험에 참여했던 미국의 한 과학자는 그 폭발 현장을 보면서 이렇게 외쳤다. "하나님, 우리는 지옥을 이 땅에 창조했습니다." 세상 심판과 종말은 자업자득이라고 볼 수 있다.

다섯째 나팔 재앙 : 종말이 가까울수록 사탄운동이 극성을 부린다 (9:1-12).

다섯 번째 천사가 나팔을 불기 시작하자 하늘에서 별 하나가 땅으로 떨어진다. 그리고 그는 무저갱의 열쇠, 즉 지옥의 열쇠를 가지고 활동함으로 수많은 사람을 지옥으로 빠뜨린다. 무엇보다도 사탄은 사람들의 정신을 혼미하게 하여 분별력과 판단력을 잃게 한다. 이것을 9장 2절에서는 '연기로 어둡게 한다'고 표현하고 있다.

그 구멍의 연기로 말미암아 어두워지며 (요한계시록 9:2)

사탄은 이 세상에 영적 암흑시대를 가져온다. 그래서 사람들은 갈수록 이성을 잃고, 감정을 다스리지 못하고, 정신이 혼미해져 끔찍한 사고를 일으킬 것이다. 악한 바보가 된다. 이것은 요즘 우리가 매스컴에서 접하고 있는 현실이다. 사탄의 활동과 세력은 갈수록 잔혹한 파괴와 파멸을 가져온다. 이것을 히브리어로는 아바돈, 헬라어로는 아볼루온, 즉 '파괴자의 전쟁'이라고 표현한다(11절).

사탄은 사람들을 유혹하고 현혹하고 미혹한다. 사탄은 미혹하는 귀신의 영으로 등장하여 모든 속임수를 동원한다(디모데전서 4:1). 결국 인간이 죄의식이나 죄책감을 느끼지 못하도록 양심을 둔하게 만든다. 즉 세상을 망하게 하는 파괴자로서 활동하는 것이다. 그리고 사탄의 이러한 활동은 더욱 조직적으로 진행될 것이다.

여섯째 나팔 재앙 : 종말이 가까울수록 전쟁이 늘어간다(9:13-21).

요한계시록 7장에서 살펴본 대로 예수님이 재림하실 때까지 세상의 전쟁은 끊이지 않을 것이다. 나라끼리의 전쟁은 더 늘어가며, 종교분쟁으로 인한 테러는 걷잡을 수 없을 것이다. 예수님은 마태복음 24장의 종말론 설교에서 이러한 현상에 대해 구체적으로 예고해 주셨다. 여러 번의 예고를 통해 사람들은 종말과 심판이 다가오고 있음을 알면서도 전혀 회개하지 않고, 갈수록 더욱 자기 마음대로 살아갈 뿐이다(20-22절). 그것은 곧 사탄이 인간의 양심과 영혼을 혼미하게 만들었기 때문이다.

기도하는 만큼 하늘과 땅이 풀린다

우리는 지금 마지막 종말시대에 살고 있다. 종말은 반드시 올 것이며, 어쩌면 우리의 생각이나 예측보다 훨씬 더 빨리 올 수도 있다. 예수님은 여러 차례 경고의 메시지를 주셨다. 빌리 그래함 목사님의 말씀대로 우리가 살고 있는 시대는 '12시 5분 전'이다. 역사의 시계가 마지막 정점을 향해 가고 있다는 경고다.

하지만 두려워할 필요는 없다. 하나님은 이런 소용돌이 속에서도 기도하는 성도를 그분의 은혜와 능력으로 돌보아 주신다. 사탄이 활개 치며 이 세상을 파멸시키는 것 같지만, 그것은 하나님께서 잠시 허용해 주신 것에 불과하다. 하나님은 하나님의 인침을 받은 사람들을 사탄이 결코 해치지 못하도록 보호하신다(9:4).

이 세상 역사의 주권자는 하나님이시다. 하늘 보좌에 계시는 하나님은 우리의 기도에 귀를 기울여 주신다. 우리가 이 땅에서 드리는 기도를 매우 기뻐하신다. 우리가 드리는 기도를 천사를 시켜서 금향로에 담아 하늘로 올라오게 하고, 그 기도를 금 제단에 바치도록 하시며, 또한 그 기도응답을 금 대접에 담아 땅으로 내려 보내 주신다(8:3-5). 그만큼 우리의 기도를 소중하게 여기시는 것이다.

우리가 이 땅에서 기도하는 만큼 하늘의 하나님이 이 세상을 돌보아 주신다. 재앙이나 심판을 보류해 주신다. 사탄의 세력과 활동을 막아 주신다. 그리고 우리가 험난한 세상을 이기며 살 수 있게 하신다. 우리가 기도

하는 만큼 나이키 신자, 승리하는 신자가 되게 하신다.

죄악 된 인간이 계속 망쳐놓고 있는 세상을 당장이라도 심판하고 싶으시지만, 하나님은 우리의 기도에 따라 세상을 은혜로 다스려 주신다. 사랑과 긍휼로 통치하신다. 우리의 기도가 하늘로 올라가는 만큼 하나님의 은혜가 이 땅으로 내려오기 때문이다.

그러므로 우리는 기도로 문제를 풀기도 하고, 기도로 환난의 세력을 묶는 능력의 시간을 가져야 한다. 우리가 기도하는 만큼 하늘과 땅이 풀리는 역사가 일어난다.

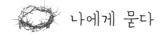 나에게 묻다

기도의 힘은 대단하다. 하나님은 기도하는 사람을 그분의 은혜와 능력으로 돌보아 주신다. 그리고 우리의 기도에 따라 죄악으로 가득 찬 세상을 은혜로 다스려 주신다. 사랑과 긍휼로 통치하신다. 우리의 기도가 하늘로 올라가는 만큼 하나님의 은혜가 이 땅으로 내려오기 때문이다.
그러므로 우리는 문제를 만날 때 기도의 자리로 나아가야 한다. 기도로 문제를 풀고, 기도로 환난의 세력을 묶는 능력의 시간을 가져야 한다. 우리가 기도하는 만큼 하늘과 땅이 풀리는 역사가 일어난다.

"당신의 하루에서 기도가 차지하는 비중은 얼마입니까?"

8 하늘에서 나서 내게 들리던 음성이 또 내게 말하여 이르되

네가 가서 바다와 땅을 밟고 서 있는

천사의 손에 펴 놓인 두루마리를 가지라 하기로

9 내가 천사에게 나아가 작은 두루마리를 달라 한즉

천사가 이르되 갖다 먹어 버리라 네 배에는 쓰나

네 입에는 꿀 같이 달리라 하거늘

10 내가 천사의 손에서 작은 두루마리를 갖다 먹어 버리니

내 입에는 꿀 같이 다나 먹은 후에 내 배에서는 쓰게 되더라

11 그가 내게 말하기를 네가 많은 백성과 나라와 방언과

임금에게 다시 예언하여야 하리라 하더라

14

도전인생
살기

공산주의 종주국가 소련은 1985년 페레스트로이카(총체적 개혁) 운동이 시작된 지 불과 6년만인 1991년에 무너졌다. 그때 세계성서공회에서는 1만 권의 성경을 모스크바에 배포하려고 준비 중이었다. 그런데 그 사이 이슬람교에서는 100만 권의 코란경을 모스크바에 뿌렸다. 이러한 움직임에서 알 수 있듯이 전 세계적으로 이슬람의 수는 급속히 팽창하고 있다.

2050년이 되면 세계 인구의 31%가 모슬렘이 될 것으로 예측한다. 우리나라도 200만 명이 넘는 외국인 근로자 중 60만 명이 모슬렘이다. 이러한 상황이 유지된다면, 앞으로 심각한 종교 갈등 내지는 분쟁이 초래될 수 있다.

예전에 몽골의 울란바토르 국제대학과 키르기스스탄 선교대회를 인도한 적이 있다. 키르기스스탄에는 한국 선교사가 약 300명 정도 있다. 이처럼 선교사가 많은 이유는 우즈베키스탄과 카자흐스탄에서 추방된 선교사들이 피신해 와 있기 때문이다. 대부분의 선교사들이 비자를 발급받지 못해 구멍가게를 차려 비즈니스 비자로 대체하고 있는 상황이다.

특히 이슬람국가인 터키 자본이 침투되면서 대형 모스크들이 곳곳에 세워지고 있다. 러시아 측에서는 정교회를 확산시키고 있으며, 이슬람에서는 오일머니로 공격적 선교를 하고 있다. 유럽도 이미 이슬람이 정복했다. 이런 공격적 전략으로 인해 세계의 미래는 갈수록 이슬람화 되어 가고 있다. 우리나라도 해외 근로자의 수가 늘어나고 점차 국제결혼 가정이 많아짐에 따라 이슬람의 침투는 가속화될 것이다. 여러 도시와 지방에 이슬람 사원들이 세워질 것도 배제할 수 없다.

이런 영적 대결이 치열한 세상에서 기독교의 미래와 세계의 미래는 어떻게 될까? 성경은 매우 간단한 대답을 주고 있다. 바로 예수님이 오시면 모든 문제가 해결된다는 것이다. 이것이 요한계시록 10장의 내용이다.

요한계시록은 일곱 번째 마지막 나팔재앙이 시작되기 직전에 예수님께서 세계 역사의 혼돈을 어떻게 평정하시는지 예고편으로 보여 준다. 성경의 주제는 세상 심판보다 세상 속에 살고 있는 성도들의 보호와 안전을 다루기 때문이다. 그래서 우리는 어떤 위기와 혼란스런 상황 속에서도 예수님만 바라보며 도전인생을 살아갈 수 있는 것이다.

그러면 예수님께서는 이 세상의 혼란을 어떻게 평정해 나가실까?

예수님은 영광중에 오신다

요한계시록 10장 1절을 보면 예수님은 구름을 입고 하늘에서 내려오신다. 즉 구름에 싸여 내려오신다. 1장 7절에도 예수님은 구름을 타고 오신다고 기록한다.

> … 그는 구름에 휩싸여 있었고, 머리 위로는 무지개가 떠 있었습니다. 얼굴은 마치 태양처럼 빛났으며, 발은 불기둥 같았습니다. (요한계시록 10:1, 쉬운성경)

구름에 휩싸여 내려오시는 것이다. 사도행전 1장 11절에서는 예수님이 구름을 타고 하늘로 올라가신 모습 그대로 다시 오신다고 설명하고 있다.

> 이르되 갈릴리 사람들아 어찌하여 서서 하늘을 쳐다보느냐 너희 가운데서 하늘로 올려지신 이 예수는 하늘로 가심을 본 그대로 오시리라 하였느니라
>
> (사도행전 1:11)

더구나 예수님의 머리 위에는 무지개가 있고, 그의 얼굴은 해같이 빛나며 그의 다리는 불기둥과 같다. 이 모든 비유적 설명은 예수님께서 영광중에 재림하신다는 메시지다(출애굽기 16:10 참조).

예수님은 통치자로 오신다

10장 2절을 보면 예수님의 오른발은 바다를 밟고 있고, 왼발은 땅을 밟고 있다. 5절과 8절에서도 땅과 바다를 밟고 계시는 모습을 거듭 각인시켜 준다. 세상을 통치하러 오시는 예수님의 웅장한 권세의 모습이다(요한계시록 1:15 참조).

> 그 손에는 펴 놓인 작은 두루마리를 들고 그 오른 발은 바다를 밟고 왼 발은 땅을 밟고 (요한계시록 10:2)

> 내가 본 바 바다와 땅을 밟고 서 있는 천사가 하늘을 향하여 오른손을 들고 (요한계시록 10:5)

> … 네가 가서 바다와 땅을 밟고 서 있는 천사의 손에 펴 놓인 두루마리를 가지라 하기로 (요한계시록 10:8)

예수님은 심판자로 오신다

3절을 보면 예수님은 사자가 포효하듯이 큰 소리로 외치면서 천둥과 번개처럼 오신다. 마태복음 24장에서 매우 실감나게 묘사한다.

보라 내가 너희에게 미리 말하였노라 그러면 사람들이 너희에게 말하되 보

라 그리스도가 광야에 있다 하여도 나가지 말고 보라 골방에 있다 하여도

믿지 말라 번개가 동편에서 나서 서편까지 번쩍임 같이 인자의 임함도 그러

하리라 (마태복음 24:25-27)

예수님은 구원자로 오신다

예수님이 이 세상에 다시 오시는 최종 목표는 단순한 심판이 아니다. 우리를 완전히 구원하러 오시는 것이다. 우리를 영광스러운 하나님의 나라로 데려가기 위해 오신다.

세세토록 살아 계신 이 곧 하늘과 그 가운데에 있는 물건이며 땅과 그 가운

데에 있는 물건이며 바다와 그 가운데에 있는 물건을 창조하신 이를 가리켜

맹세하여 이르되 지체하지 아니하리니 일곱째 천사가 소리 내는 날 그의 나

팔을 불려고 할 때에 하나님이 그의 종 선지자들에게 전하신 복음과 같이

하나님의 그 비밀이 이루어지리라 하더라 (요한계시록 10:6-7)

그러므로 우리는 세상의 소용돌이와 혼란 속에서도 예수님만 바라보며 살아가야 한다. 어떤 일에도 위축되지 말고, 오히려 과감한 도전적 신앙으로 살아가야 한다. 10장은 앞으로 당면하게 되는 영적 전쟁과 혼돈상

태에서도 초점을 예수님께만 맞추고 살아갈 것을 제시한다. 그래서 계시록 10장은 새로운 영적 도전과 향상을 위한 분수령의 메시지다. 그렇다면 어떻게 살라고 제안하는가?

날마다 말씀을 먹는 삶

8절을 보면, 하나님의 말씀이 수록된 책을 받아먹으라고 한다. 여기서 책이라는 단어는 '비블라리디온'인데, 영어로 'Bible'이 되었다. 사도 요한은 천사로부터 말씀을 받아먹었다(10절). 8절, 9절, 10절에서 반복적으로 강조하는 단어는 '먹는다'이다.

> 내가 천사에게 나아가 작은 두루마리를 달라 한즉 천사가 이르되 갖다 먹어
> 버리라 네 배에는 쓰나 네 입에는 꿀 같이 달리라 하거늘 내가 천사의 손에
> 서 작은 두루마리를 갖다 먹어 버리니 내 입에는 꿀 같이 다나 먹은 후에 내
> 배에서는 쓰게 되더라 그가 내게 말하기를 네가 많은 백성과 나라와 방언과
> 임금에게 다시 예언하여야 하리라 하더라 (요한계시록 10:8-10)

우리는 매일매일 하나님의 말씀을 받아먹으며 살아야 한다. 이것은 한두 번 먹는 것을 의미하는 것이 아니라, 계속 먹어야 하는 것을 뜻한다. 특히 말씀을 먹고 잘 소화시켜야 하는데, 이것을 '묵상'이라고 한다. 묵상을

뜻하는 영어 'meditation'의 어원은 'medicine'이다. 즉 약이 되고 치료가 된다는 의미다.

소식과 함께 서식, 즉 음식을 천천히 씹으며 먹을수록 건강에 유익한 것처럼 하나님의 말씀을 깊이 묵상하고 오래 묵상할수록 몸과 영혼을 윤택하게 하는 약이 된다. 구약성경에서도 '묵상'이라는 단어는 배 속에 깊이 넣고 계속 되새김한다는 뜻으로 사용된다.

오늘날 많은 사람들이 정신적으로나 영적으로 병들어가는 이유는 말씀을 묵상하며 살지 않기 때문이다. 오직 말씀만이 우리를 강건하게 하는 약이 된다.

날마다 말씀을 실천하는 삶

10장의 결론은 매우 역설적이다. 우리가 하나님의 말씀을 받아먹을 때 입에서는 꿀같이 달지만, 먹고 난 후에 배 속에서는 쓰다는 것이다.

> 내가 천사의 손에서 작은 두루마리를 갖다 먹어 버리니 내 입에는 꿀 같이
> 다나 먹은 후에 내 배에서는 쓰게 되더라 (요한계시록 10:10)

이것은 우리가 하나님의 말씀을 듣는 것은 즐거울 수 있지만, 즐겁게 은혜로 들은 말씀을 실천하며 사는 것은 힘들 수 있다는 의미다. 즉 우리

가 세상에서 하나님의 자녀답게, 말씀에 순종하며 살아가려면 쓰라린 고통을 겪을 수밖에 없다. 그러나 '쓴 것이 약'이라는 말이 있듯이 쓰라린 대가를 치르는 만큼 달콤한 열매를 맺게 될 것이다. 영어표현 그대로 'No sweat, no sweet'이다.

이것이 요한계시록의 새로운 분수령이다. 예수님만 바라보며 살아가려면 철저히 말씀 중심으로 살아야 한다. 세상이 요지경이 되고 혼돈에 빠질수록 더욱 예수님만 바라보며 과감한 도전인생을 살아가야 한다. 그래서 10장은 이렇게 결론짓는다.

> 그가 내게 말하기를 네가 많은 백성과 나라와 방언과 임금에게 다시 예언하여야 하리라 하더라 (요한계시록 10:11)

다시 오실 예수님을 영광스럽게 맞이하는 자가 되려면 오직 말씀 중심으로 세상을 도전하며 살아야 한다.

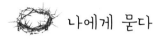 ## 나에게 묻다

오늘날 많은 사람이 정신적으로나 영적으로 병들어가는 이유는, 말씀을 묵상하며 살지 않기 때문이다. 오직 말씀만이 우리를 강건하게 하는 약이 된다. 문제는 하나님의 말씀을 듣는 것은 즐거울 수 있지만, 즐겁게 은혜로 들은 말씀을 실천하며 사는 것은 힘들 수 있다는 것이다. 그러나 '쓴 것이 약'이라는 말처럼 쓰라린 대가를 치르는 만큼 달콤한 열매를 맺게 된다.

예수님만 바라보며 살아가려면 철저히 말씀 중심으로 살아야 한다. 세상이 요지경이 되고 혼돈에 빠질수록 더욱 예수님만 바라보며 과감한 도전인생을 살기로 다짐하자.

"하나님과 말씀으로 교제하는 시간을 꾸준히 갖고 있습니까?"

1 또 내게 지팡이 같은 갈대를 주며 말하기를

일어나서 하나님의 성전과 제단과 그 안에서 경배하는 자들을 측량하되

2 성전 바깥 마당은 측량하지 말고 그냥 두라

이것은 이방인에게 주었은즉 그들이 거룩한 성을 마흔두 달 동안 짓밟으리라

3 내가 나의 두 증인에게 권세를 주리니

그들이 굵은 베옷을 입고 천이백육십 일을 예언하리라

4 그들은 이 땅의 주 앞에 서 있는 두 감람나무와 두 촛대니

5 만일 누구든지 그들을 해하고자 하면 그들의 입에서 불이 나와서

그들의 원수를 삼켜 버릴 것이요 누구든지 그들을 해하고자 하면

반드시 그와 같이 죽임을 당하리라

15
CHAPTER

교회는 사명을 다할수록 강해진다

비행기 추락과 같은 돌발 사고가 발생했을 때, 남자의 생존율은 30%인데 반해 여자의 생존율은 70%라고 한다. 이유는 '사명감' 때문이다. 가족이나 자녀에 대한 사명의식 때문에 끝까지 버틴다는 것이다. 세계 70억 인구 중 나의 가족을 돌볼 사람은 '나밖에 없어', '내가 살아야 너도 살아'라는 사명의식이 여자의 생존율을 높이는 것이다.

이처럼 사명의식은 곧 생명의식으로 승화된다. 미국 청교도 신앙의 선구자 조나단 에드워즈(Jonathan Edwards)는 이런 말을 했다. "사명감이 있는 사람은 죽지 않는다."

전 세계적으로 기독교에 대한 안티 세력이 점점 늘어나고 있다. 그래서 많은 사람은 교회의 미래를 부정적으로 내다본다. 이런 염려에 대하여 요한계시록 11장은 명쾌한 답을 준다. 그것은 '교회가 사명을 다할수록 강해진다'는 긍정의 메시지다. 교회가 세상으로부터 환난과 핍박을 당하더라도 본연의 사명을 다하기만 하면 힘차게 부흥하고 성장한다는 것이다.

요한계시록 11장은 초대교회 때부터 예수님 재림 때까지의 교회 역사를 요약한 것이라 할 수 있다. 지상에 있는 교회는 끊임없이 박해와 핍박의 터널을 지나가게 된다. 그리고 마지막 종말이 다가올수록 더욱 큰 환난을 겪는다. 이러한 어두운 상황에 처할 때, 교회는 두 가지 상반된 모습을 보이게 된다. 어떤 교회는 힘없이 무너지고, 어떤 교회는 오히려 더 역동적으로 부흥하며 강성하게 된다.

이러한 차이가 나타나는 원인은 생각보다 간단하다. 사명의식의 유무에 따른 것이다. 즉 사명을 잃은 교회는 생명력을 상실하고 와해되지만, 끝까지 사명을 다하는 교회는 오히려 더 힘차게 부흥해 나가는 것이다.

이미 서구 유럽의 교회들이 이런 현상을 그대로 보여 주고 있다. 한국교회도 머지않아 동일한 현상을 나타낼 것이다. 그렇다면 교회가 가져야 하는 사명은 어떤 것일까?

교회가 예배를 중시할수록 강하게 된다

교회의 최고 본질은 하나님을 예배하는 일이다. 교회의 존재 목적은 하나님께 영광을 돌리는 것이다.

장로교의 신앙고백 표준인 소요리 문답 제 1항은 이렇게 시작한다. "사람의 제일 되는 목적은 하나님을 영화롭게 하는 것과, 그분을 영원토록 즐거워하는 것이다."

11장에서 사도 요한에게 보여 주시는 환상의 첫 번째 내용이 바로 이것이다.

> 또 내게 지팡이 같은 갈대를 주며 말하기를 일어나서 하나님의 성전과 제단과 그 안에서 경배하는 자들을 측량하되 (요한계시록 11:1)

하나님의 첫 번째 관심 대상자는 교회에서 예배드리는 성도들이다. 하나님은 예배를 중요하게 여기고 우선으로 행하며 살아가는 성도들에게 시선을 집중하신다.

요한복음 4장 23절을 보면 하나님은 "신령과 진정으로 예배하는 사람들을 찾고" 계신다. 여기에 나타난 '찾는다'는 말은 '시선을 멈춘다, 주목한다, 집중한다'는 뜻이다. 하나님은 예배하는 사람에게 은혜를 베푸시고, 그의 기도를 들어주시고자 주목하신다는 뜻이다.

예배하는 자에 대한 하나님의 관심을 강조하기 위해 2절은 1절과 매우 대칭적인 구조를 이루고 있다.

> 성전 바깥 마당은 측량하지 말고 그냥 두라 이것은 이방인에게 주었은즉 그들이 거룩한 성을 마흔두 달 동안 짓밟으리라 (요한계시록 11:2)

즉 하나님은 예배하는 자에게는 지대한 관심을 쏟으시지만(1절), 예배를 소홀히 하는 자에게는 마음을 두지 않으신다는 것이다(2절).

유럽에 가면 대부분의 동네가 교회를 0번지로 하여 교회로부터의 거리에 따라 1구역, 2구역, 3구역, 4구역, 5구역으로 도시 구조를 이루어 나가는 것을 알 수 있다. 그만큼 교회 중심, 예배 중심으로 살았던 것이다.

그런데 현대인은 더 이상 '주일' 개념으로 살지 않고, '주말' 개념으로 살아가고 있다. 한국교회도 예외가 아니다. 주말에 날씨가 좋으면 주일을 끼고 야외로 나간다. 주말이 공휴일이어서 연휴가 되면 주일 예배는 아랑곳하지 않고 홀가분하게 여행을 간다. 교회에서의 예배생활이 휴양지에서의 레저생활보다 뒷전으로 밀려나고 있는 것이다.

이처럼 예배를 우선시하는 주일성수 개념이 무너지고 있다는 것은 용어에서도 드러난다. 전 세계적으로 '주일'이라는 표현은 사라지고, '주말'이라는 용어가 그 자리를 대신하고 있다. 이것은 심각한 망조다. 주일성수가 무너지면 다른 것도 쉽게 허물어지기 때문이다. 하나님은 예배의 자리에 찾아오셔서 예배드리는 자를 축복하신다는 사실을 잊어서는 안 된다.

몇 해 전 많은 사람에게 깊은 감동을 준 책이 한 권이 있다. 이용규 선교사의 『내려놓음』이다. 그의 책에 이런 감동적인 이야기가 소개되었다. 2005년 봄, 그가 몽골의 어느 시골에 개척한 교회를 방문하여 예배드리던 중에 있었던 일이다. '벌러르'라는 자매가 예배 시간에 땀으로 뒤범벅이 되어 예배당에 들어왔다. 그녀는 몇 달 전 기도를 통해 듣지 못하던 귀가 열린 자매였다. 그런데 주일예배 몇 시간 전에 소를 잃어버려서 소를 찾으러

벌판을 뛰어다니다가 예배 시간이 임박한 것을 알고는 잃은 소 찾는 것을 미루고 예배를 드리기 위해 평원을 가로질러 달려온 것이었다. 선교사님은 소가 아닌 예배를 선택한 이 자매의 믿음에 감동을 받고 그 자매가 소를 다시 찾게 해 달라고 간절히 기도했다. 어떻게 되었을까? 예배를 마치자마자 밖에서 소 울음소리가 들려왔다. 소가 자신의 집이 아닌 예배당으로 찾아온 것이다. 이 얼마나 신비한 축복인가!

이처럼 하나님은 예배를 소중히 여기는 사람을 축복하신다. 1절 말씀 그대로 예배를 우선시 여기며 사는 자는 하나님의 관심 대상자가 되고, 예배를 소홀이 여기는 자는 하나님의 관심에서 제외된다. 그러므로 교회가 예배를 우선하는 만큼 교인들이 복을 받는 것이다. 어느 신학자의 표현대로 교회는 곧 예배다.

교회가 영적 권세를 가질수록 강해진다

예수님은 자신의 십자가 보혈로 이 땅에 교회를 세우셨다. 그리고 교회에 엄청난 권세를 주셨다. 그것은 하늘과 땅의 문을 열고 닫는 권세다.

> 내가 천국 열쇠를 네게 주리니 네가 땅에서 무엇이든지 매면 하늘에서도 매일 것이요 네가 땅에서 무엇이든지 풀면 하늘에서도 풀리리라 하시고
>
> (마태복음 16:19)

11장에서도 '권세(권능)'라는 단어를 거듭 강조한다.

내가 나의 두 증인에게 권세를 주리니 그들이 굵은 베옷을 입고 천이백육십
일을 예언하리라 (요한계시록 11:3)

그들이 권능을 가지고 하늘을 닫아 그 예언을 하는 날 동안 비가 오지 못하
게 하고 또 권능을 가지고 물을 피로 변하게 하고 아무 때든지 원하는 대로
여러 가지 재앙으로 땅을 치리로다 (요한계시록 11:6)

3-4절에 나타난 두 증인, 두 감람나무, 두 촛대는 교회를 통한 말씀과
기도의 권세를 뜻한다. 또한 이어지는 말씀에서는 교회의 영성에 따라서 하
늘이 열리기도 하고, 닫히기도 한다고 이야기하고 있다. 즉 교회가 영적 권
세를 어떻게 활용하는가에 따라서 세상의 흥망성쇠가 결정된다는 뜻이다.
주님은 교회에게 말씀을 힘차게 선포하는 사명을 주셨다. 그리고 기도
로 교회의 강단에 성령의 기름 부으심이 있게 하라는 사명을 부여하셨다.
그러므로 교회는 말세가 될수록 말씀과 기도에 주력해야 한다. 교회가
진리를 힘차게 선포할수록 사탄의 저항도 더욱 거세질 것이다(7-10절). 하
지만 세상으로부터 거센 공격을 받더라도 교회는 본질적 사명, 즉 말씀과
기도에 주력하는 일을 멈추지 않아야 한다. 말씀과 기도, 이것이 곧 교회
의 영적 권세다. 교회가 건물이나 재정을 잃더라도 영적 권세는 절대 잃지
말아야 한다. 교회가 선포하는 말씀과 진리를 세상이 거부하고 저항할수

록 오히려 교회는 더욱 힘차게 외치고 선포해야 한다. 교회가 생명을 희생하며 사명을 다할 때, 하나님께서 승리의 영광을 안겨 주실 것이다.

하나님은 이 찬란한 승리의 영광을 요한에게 보여 주신다. 요한이 본 승리의 환상을 정리하면 다음과 같다. 말씀 중심으로 사는 자들은 세상이 보는 앞에서 구름을 타고 하늘로 올라간다(12절). 교회가 영적 권세를 드러내는 만큼 하나님께 영광이 된다(13절). 예수님과 함께 왕 노릇하게 된다(15,17절). 하늘에서 찬란한 상급을 누린다(18절).

하지만 이 승리의 영광은 그냥 주어지는 것이 아니다. 교회가 말씀과 기도를 통해 영적 권세를 더욱 강화해 나갈 때 가능하다.

교회가 성령으로 새로워질수록 강해진다

교회는 사람이 모이는 곳이기에 세월이 지나다 보면 본질에서 벗어날 수 있다. 교회의 거룩한 영성을 상실하고, 인간의 제도로 세속화될 수 있다. 특히 대형화가 될수록 교회는 인간 조직체로 퇴색될 수 있다. 이런 부작용을 방지하고, 무너진 영성을 회복해 주시려고 성령님은 교회를 끊임없이 갱신하신다.

삼 일 반 후에 하나님께로부터 생기가 그들 속에 들어가매 그들이 발로 일어서니 구경하는 자들이 크게 두려워하더라 (요한계시록 11:11)

이 환상은 구약성경 에스겔서 37장에 나타난 골짜기에 가득한 뼈가 하나님의 생기로 큰 군대가 되는 장면을 연상시킨다. 교회가 본질에서 벗어나지 않고 항상 새로워질 수 있는 비결은 오직 성령충만뿐이다. 성령님만이 우리를 끊임없이 새롭게 만들어 주신다.

교회 생활에 익숙해지다 보면 성령 없이 살아가게 된다. 그때부터 우리의 내면은 부패하고 타락해지기 시작한다. 그러므로 우리는 날마다 성령으로 새로워지는 삶을 살아야 하고, 교회는 철저하게 성령 공동체가 되어야 한다.

교회가 사명감을 가지고 우선적으로 해야 할 과제는 바로 영적 갱신이다. 제도의 개혁 이전에 영적 갱신이 필요하다. 교회가 성령으로 갱신되는 만큼 교인들에게 하나님의 은혜가 임한다. 이것이 19절의 결론이다.

이에 하늘에 있는 하나님의 성전이 열리니 성전 안에 하나님의 언약궤가 보이며 또 번개와 음성들과 우레와 지진과 큰 우박이 있더라 (요한계시록 11:19)

사도 요한은 하늘에 있는 하나님의 성전이 활짝 열려 있는 광경을 본다. 그리고 그 성전 안에 있는 하나님의 언약궤도 본다. 이 놀라운 환상은 우리가 성령으로 새로워지는 삶을 사는 만큼 하늘의 축복이 활짝 열린다는 희망의 메시지다.

19절을 자세히 관찰해 보면, 세상은 갈수록 하나님의 심판을 자처하며 스스로 망해 간다. 그야말로 진노의 대접이 쏟아지기를 기다리는 것이다.

그런데 교회를 통해 성령으로 새로워지는 삶을 사는 사람에게는 하나님의 은혜가 활짝 열리며, 형통한 미래가 보장된다.

오늘도 하나님은 우리에게 '흥망성쇠'의 선택을 제시하신다. 망하느냐, 흥하느냐는 우리의 선택에 달려 있다. 사탄의 세력을 힘입어 하나님 나라를 대항하는 세상은 처절하게 망할 것이다. 그러나 핍박과 고난 속에서도 본연의 사명을 다하는 교회와 성도들은 더욱 강성해질 것이다. 어느 편에 서겠는가?

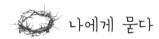 나에게 묻다

예배는 교회의 본질이자 존재 목적이다. 성경은 신령과 진정으로 예배하는 자들을 하나님께서 축복하신다고 분명하게 말한다. 예배를 얼마나 소중하게 여기는가의 문제가 우리의 신앙을 결정한다.

당신은 어떠한 마음으로 예배하는가? 예배에 어떠한 기대를 가지고 있는가?

제대로 예배하는 자들이 모인 교회는 하나님이 허락하신 사명을 향해 나아간다. 당신의 교회는 예배를 통해 사명을 향해 나아가고 있는가? 예배를 통해 강해지고 있는가?

그렇지 않다면 다른 사람이 아닌 자신부터 되돌아보아야 한다. 당신이 드리는 예배에서부터 시작해야 한다.

"당신은 제대로 예배하고 있습니까?"

1 하늘에 큰 이적이 보이니

해를 옷 입은 한 여자가 있는데

그 발 아래에는 달이 있고 그 머리에는 열두 별의 관을 썼더라

2 이 여자가 아이를 배어 해산하게 되매 아파서 애를 쓰며 부르짖더라

3 하늘에 또 다른 이적이 보이니 보라

한 큰 붉은 용이 있어 머리가 일곱이요 뿔이 열이라

그 여러 머리에 일곱 왕관이 있는데

4 그 꼬리가 하늘의 별 삼분의 일을 끌어다가 땅에 던지더라

용이 해산하려는 여자 앞에서 그가 해산하면 그 아이를 삼키고자 하더니

5 여자가 아들을 낳으니 이는 장차 철장으로 만국을 다스릴 남자라

그 아이를 하나님 앞과 그 보좌 앞으로 올려가더라

6 그 여자가 광야로 도망하매 거기서 천이백육십 일 동안 그를 양육하기 위하여

하나님께서 예비하신 곳이 있더라

16
CHAPTER

영권을
가진 교회

개척교회 목회 초기에 충청남도 덕산 온천으로 교역자 수련회를 간 적이 있다. 그런데 그날 밤 미국과 이라크의 전쟁이 일어나서 CNN방송에서 그것을 생중계했다. 당시만 해도 전쟁을 생중계하는 방송이 신비로워 기도 대신 방송만 보다가 돌아왔다.

그런데 여기 그만큼 생생하게 전쟁 상황을 보여 주는 글이 있다. 바로 요한계시록 12장이다. 12장은 하늘의 전쟁 상황을 매우 입체적으로 보여 준다. 요한이 저술한 요한복음도 상황 설명과 함께 등장인물들의 심리 상태까지 사실적으로 묘사되는 것을 보면, 저자 요한은 드라마 작가의 기술이 있다.

요한계시록은 지상의 교회가 어떤 미래로 전개해 나갈지에 대한 예고편으로, 예수님께서 재림하실 때까지의 교회 파노라마라고 할 수 있다. 또

한 하늘 전쟁의 드라마라고도 할 수 있다. 그 시작은 이러하다.

하늘에 큰 이적이 보이니 해를 옷 입은 한 여자가 있는데 그 발 아래에는 달
이 있고 그 머리에는 열두 별의 관을 썼더라 (요한계시록 12:1)

7절에서는 조금 더 구체적으로 설명하고 있다.

하늘에 전쟁이 있으니 미가엘과 그의 사자들이 용과 더불어 싸울새 용과 그
의 사자들도 싸우나 (요한계시록 12:7)

이 모든 내용은 예수님께서 재림하실 때까지 지상의 교회가 어떤 미래를
뚫고 나가야 하는지를 보여 준다. 교회는 그저 가만히 있어서는 안 된다
는 것을 알려 주는 것이다. 신학적으로 표현하자면 전통적 교회와 승리적
교회다. 에베소서에도 이렇게 기록되어 있다.

우리의 씨름은 혈과 육을 상대하는 것이 아니요 통치자들과 권세들과 이 어
둠의 세상 주관자들과 하늘에 있는 악의 영들을 상대함이라 (에베소서 6:12)

교회는 이 세상에서 마귀의 세력과 계속 싸울 수밖에 없지만, 결과는 반
드시 승리한다는 것이다. 예수님께서 지상의 교회에 엄청난 권세를 주셨기
때문이다. 그렇다면 우리가 어떻게 하면 예수님의 영권을 가진 교회가 될

수 있을까?

생명의 권세를 가진 교회가 되어야 한다

사도 요한은 하나님께서 세워 가시는 교회의 모습을 설명하면서, '여자, 아이, 임신, 해산'이라는 단어를 사용한다.

> 하늘에 큰 이적이 보이니 해를 옷 입은 한 여자가 있는데 그 발 아래에는 달
> 이 있고 그 머리에는 열두 별의 관을 썼더라 이 여자가 아이를 배어 해산하
> 게 되매 아파서 애를 쓰며 부르짖더라 (요한계시록 12:1-2)

이 땅에서의 교회는 겉으로 볼 때 매우 약한 조직일 수 있다. 그래서 '여자'로 표현되기도 하고, 교회가 하는 활동도 큰 것들이 아니라서 '아이'로 묘사되기도 한다. 그런데 여기에 중요한 것이 있다. 교회의 핵심사역은 생명을 낳는 일이라는 것이다. 세상 속에 있는 교회는 많은 어려움과 환난을 겪으면서도 생명을 출생시킨다. 이것이 교회의 본질이다. 교회는 한 생명, 한 영혼을 구원하기까지 해산의 진통을 치르는 수고를 해야 한다.

요한계시록에서 반복적으로 강조하듯이 지상의 교회는 세상으로부터 끊임없는 박해와 핍박을 받게 되어 있다. 이런 소용돌이 속에서도 교회의 본질은 생명을 구원하는 일이다. 교회는 생명의 권세를 가지고 영혼을 살

려내는 유기체가 되어야 한다. 누구든지 교회에 나와 예배드리기만 해도 생기가 살아날 수 있어야 한다. 따라서 교회는 날마다 부활의 현장을 만들어야 한다. 생명의 권세로 영혼을 살리는 현장이 되어야 한다.

사탄의 세력을 몰아내는 교회가 되어야 한다

요한계시록에서 보여 주는 하늘의 전쟁 드라마는 두 개의 상황 설정으로 진행된다. 1절에서 묘사하듯이 교회는 그 머리에 열두 별의 면류관을 쓰고 있다. 그리고 교회를 핍박하는 사탄은 그 머리에 일곱 면류관을 쓰고 있다.

> 하늘에 또 다른 이적이 보이니 보라 한 큰 붉은 용이 있어 머리가 일곱이요 뿔이 열이라 그 여러 머리에 일곱 왕관이 있는데 (요한계시록 12:3)

그런데 1절과 3절에 나타나는 '관'은 서로 다른 단어다. 먼저 1절에서 사용하는 '관'이라는 단어는 '디아데마'다. 누군가가 면류관을 씌워 준 것이다. 반면에 3절에서 사용하는 '왕관'이라는 단어는 '스테파노스'다. 자기 스스로 쓴 것이며, 하나님의 권세에 대항하려는 자기과시다. 이러한 표현에서 알 수 있듯이 사탄은 자기 스스로 높아진다. 소위 '영적 짝퉁'이다.

이처럼 근본적으로 다른 존재에 대해 본문은 대칭 구조로 상황을 설명해 준다.

> 여자가 아들을 낳으니 이는 장차 철장으로 만국을 다스릴 남자라 그 아이를
> 하나님 앞과 그 보좌 앞으로 올려가더라 (요한계시록 12:5)

> 큰 용이 내쫓기니 옛 뱀 곧 마귀라고도 하고 사탄이라고도 하며 온 천하를
> 꾀는 자라 그가 땅으로 내쫓기니 그의 사자들도 그와 함께 내쫓기니라
> (요한계시록 12:9)

교회를 세우시는 예수님은 하늘로 올라가고(5-6절), 교회를 박해하는 사탄은 땅으로 내려온다(7-9절). 이것이 교회의 영권이다. 개역개정으로 보면, 9절에서 3번씩이나 강조하는 것은 사탄의 세력은 내쫓긴 존재라는 것이다. 예수님은 교회에게 사탄의 활동을 묶고, 결박하는 권세를 주셨다. 따라서 교회는 사탄의 세력을 몰아내는 영적 권세를 활용해야 한다. 예수님은 마태복음 25장에서 매우 입체적으로 설명해 주신다. 교회의 성도들은 오른편에 서는 자가 되고, 사탄을 따르는 자들은 왼편에 서는 자가 된다. 교회와 성도들은 처음부터 이긴 싸움을 하며 살아가는 것임을 기억해야 한다.

본문의 핵심은 간단하다. 예수님께서 세우신 교회이지만 세상에서는 환난을 겪어야 한다. '광야에서 1,260일 동안 지내야 한다(6절)'고 설명한다. 여기에 깊은 메시지가 담겨 있다. 이것은 교회의 환난 기간이 짧다는 것을

암묵적으로 설명하는 것이다. 계시록에서 반복하여 언급하는 1,260일, 즉 3년 반이라는 기간은 영원의 관점에서 보면 아주 짧은 기간이다.

　그렇다면 교회가 어떻게 사탄의 세력을 이길 수 있을까? 성경은 간단한 해법을 가르쳐 주고 있다.

> 또 우리 형제들이 어린 양의 피와 자기들이 증언하는 말씀으로써 그를 이겼으니 그들은 죽기까지 자기들의 생명을 아끼지 아니하였도다 (요한계시록 12:11)

　첫째, 어린 양의 보혈로 이긴다. 우리는 예수님이 십자가에서 흘리신 피의 공로로 승리한다. 우리의 힘으로 이기는 것이 아니라, 예수님의 보혈로 사탄을 결박할 수 있다.

　둘째, 증거의 말씀으로 이긴다. 예수님께서 사탄의 시험을 물리치신 방법은 간단하다. 오직 말씀으로 대응하셨다. 우리도 말씀으로 풍성해지는 만큼 그 어떤 시험도 이기며 사는 승리자가 될 수 있다.

　셋째, 우리의 생명으로 이긴다. 성경에 소개되는 믿음의 승리자들은 자신의 목숨을 바치는 순교적 신앙으로 마귀를 물리치고, 이겼다.

> 너는 장차 받을 고난을 두려워하지 말라 볼지어다 마귀가 장차 너희 가운데에서 몇 사람을 옥에 던져 시험을 받게 하리니 너희가 십 일 동안 환난을 받으리라 네가 죽도록 충성하라 그리하면 내가 생명의 관을 네게 주리라
>
> (요한계시록 2:10)

나는 어린 시절에 목회 소명을 받았다. 여섯 살 때 목사가 되기로 스스로 결정했다. 내가 결정한 것이 아니라 하나님이 소명을 주신 것이다. 그래서 고등학교 1학년 2학기 때 진로를 결정하기에 앞서 아버지에게 여쭈어봤다. "목회자가 되기 위해 신학을 공부하려면 문과를 선택해야 될 것같아요." 그때 아버지는 나에게 매우 진지한 숙제를 내 주셨다. "만일 북한 공산당이 쳐들어와도 교회를 지킬 마음가짐이 있으면 목회자가 돼라."

우리가 사탄의 세력을 몰아내는 교회와 신자가 되려면 십자가 신앙을 가져야 한다. 십자가 신앙만이 사탄의 세력을 몰아내는 권세가 있다.

주님의 돌보심을 받는 교회가 되어야 한다

하늘에서 땅으로 쫓겨난 붉은 용, 사탄은 교회를 끊임없이 핍박한다. 신자들을 찾아다니며 박해한다. 그러나 하나님은 큰 독수리의 날개로 교회와 성도들을 보호해 주신다. 그리고 사탄의 공격을 피할 수 있는 길도 열어 주신다.

> 용이 자기가 땅으로 내쫓긴 것을 보고 남자를 낳은 여자를 박해하는지라 그 여자가 큰 독수리의 두 날개를 받아 광야 자기 곳으로 날아가 거기서 그 뱀의 낯을 피하여 한 때와 두 때와 반 때를 양육 받으매 (요한계시록 12:13-14)

그런데 이런 상황에서도 사탄은 포기하지 않는다. 사탄은 교회를 와해시키려고 그 입에서 물을 홍수같이 뿜어낸다. 그때 땅은 입을 활짝 벌려 용의 입에서 나오는 물을 다 삼켜 버린다. 교회와 성도들은 하나님의 능력으로 돌보심을 받는 것이다.

그러나 사탄은 마지막까지 더욱 적극적으로 공격 자세를 취한다. 이것이 교회가 치러야 할 영적 전쟁이다.

지상의 교회는 끊임없이 시험과 환난을 겪게 된다. 조직 신학에서 설명하듯이 '전투하는 교회'다. 그러나 교회는 반드시 사탄의 세력을 이긴다. '승리하는 교회'다.

12장의 결론은 깔끔하다.

> 용이 여자에게 분노하여 돌아가서 그 여자의 남은 자손 곧 하나님의 계명을
> 지키며 예수의 증거를 가진 자들과 더불어 싸우려고 바다 모래 위에 서 있
> 더라 (요한계시록 12:17)

사탄의 세력과 활동은 모래성 쌓기에 불과하다. 한순간에 힘없이 무너지고 만다. 그래서 예수님은 우리에게 반석 위에 서는 신앙으로 살라고 당부하신다. 요한계시록 12장에서 마치 파노라마처럼 보여 주는 교회 미래의 시작과 끝은 너무나 대조적이다. 주님의 교회는 그 머리에 열두 면류관을 쓰고 있는 반면, 붉은 용 사탄은 모래 위에 서 있다. 교회는 그 어떤 환난 중에서도 힘차게 부흥하지만, 사탄의 세력은 모래성처럼 무너져 내린다.

우리는 예수님의 영권을 가진 자들이다. 예수 이름의 권세로 하나님의 돌보심과 보호 아래 살면서 사탄의 세력을 이기고 교회를 더욱 부흥시켜 나갈 수 있기를 바란다.

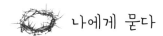 나에게 묻다

한국 교회가 세상으로부터 분노의 대상이 되어가고 있는 요즘 상황은 교회가 예수님의 영권을 잃어가고 있기 때문일 것이다. 교회는 주님의 돌보심을 받아 사탄의 세력을 몰아내는 생명의 권세를 가진 교회가 되어야 한다. 현실의 상황과 관계없이, 성경 본문은 분명하게 교회가 승리한다고 말한다.

그러나 마지막에 영원한 면류관을 받기 위해서는 잠깐의 환란을 견뎌야 한다. 이 환란을 견디기 위해서는 온전한 십자가 신앙이 필요하다. 환란의 때가 되면, 당신의 십자가 신앙이 반석 위에 지어졌는지 모래 위에 지어졌는지 드러나게 될 것이다.

"당신은 환란을 견딜 준비가 되어 있습니까?"

1 내가 보니 바다에서 한 짐승이 나오는데
뿔이 열이요 머리가 일곱이라 그 뿔에는 열 왕관이 있고
그 머리들에는 신성모독 하는 이름들이 있더라
2 내가 본 짐승은 표범과 비슷하고
그 발은 곰의 발 같고 그 입은 사자의 입 같은데
용이 자기의 능력과 보좌와 큰 권세를 그에게 주었더라
3 그의 머리 하나가 상하여 죽게 된 것 같더니
그 죽게 되었던 상처가 나으매 온 땅이 놀랍게 여겨 짐승을 따르고
4 용이 짐승에게 권세를 주므로 용에게 경배하며
짐승에게 경배하여 이르되 누가 이 짐승과 같으냐
누가 능히 이와 더불어 싸우리요 하더라

17
CHAPTER

버티기
신앙으로

시청 앞 광장에서 동성애 축제가 진행된 적이 있었다. 기독교의 반대가 있었지만, 결국 동성애 축제는 강행되었다. 그리스도인은 이런 현상에 흥분하기보다는 이러한 일들을 마지막 때의 현상으로 이해하는 태도가 더욱 필요하다.

전 세계는 성적 타락의 끝이라 할 수 있는 동성애로 물들어 가고 있다. 13장의 말씀대로 '짐승 같은 삶'을 살고 있는 것이다. 본문은 하나님을 대항하며 사는 자들의 사납고 지저분한 삶을 두 짐승의 모습으로 표현한다.

본문을 보면 두 짐승이 출현한다. 한 짐승은 바다에서 올라오고(1-10절), 한 짐승은 땅에서 올라온다(11-18절). 사탄의 세력이 바다에서 올라오고 땅에서 올라오는 것은 그들이 전 세계를 지배해 나가는 광경을 예시한다. 이것은 사탄의 세력이 전 세계를 지배해 나가는 광경을 비유하는 것이다. 특히 바다에서 올라오는 짐승은 정치적 악의 세력이 규합해 가는 모습을, 땅에서 올라오는 짐승은 종교적 악의 세력이 규합해 가는 현상을 의미한다. 이와 같이 정치와 종교가 합세하여 하나님을 대항하고, 지상의 교회와 성도들을 더욱 압박할 것이다. 이러한 상황에서 전 세계는 어떤 영적 흐름을 경험하게 될까?

임박한 종말에 나타나는 전 세계의 영적 흐름의 특징

첫째, 신성모독 운동이 전개된다. 옛날이나 지금이나 하나님을 거부하고 대항하는 국가나 사람들은 '신성모독'이라는 매우 공격적인 죄를 저지른다. 본문 역시 1절과 5절, 6절에서 전 세계적으로 '신성모독 운동'이 퍼져나갈 것을 4번이나 언급하고 있다.

> 내가 보니 바다에서 한 짐승이 나오는데 뿔이 열이요 머리가 일곱이라 그 뿔에는 열 왕관이 있고 그 머리들에는 신성 모독 하는 이름들이 있더라
>
> (요한계시록 13:1)

> 또 짐승이 과장되고 신성 모독을 말하는 입을 받고 또 마흔두 달 동안 일할 권세를 받으니라 (요한계시록 13:5)

> 짐승이 입을 벌려 하나님을 향하여 비방하되 그의 이름과 그의 장막 곧
>
> 하늘에 사는 자들을 비방하더라 (요한계시록 13:6)

옛날 로마제국의 황제들은 하나님을 모욕하고 모독하는 행위를 서슴지 않았다. 이런 현상은 오늘날도 다르지 않다. 최근에 쏟아져 나오고 있는 불경스러운 문학 작품이나 뉴에이지 영화, 음악, 하나님을 대항하는 과학 이론은 그야말로 고삐가 풀린 채 자행되는 신성모독의 다양한 모습이라고 할 수 있다. 이러한 일들은 인간 스스로 멸망을 재촉하는 행위이며, 하나님께서는 이를 엄중하게 심판하실 것이다.

하나님을 거역하며 대항했던 국가나 민족은 비참하게 망했다. 가까운 예로 2000년대 뉴밀레니엄 시대가 개막되면서 영국은 앞장서서 하나님을 모독하는 운동을 펼쳤다. 시내버스 광고판에도 '하나님은 죽었다'라고 써 붙이고 다닐 정도였다. 놀라운 사실은 최근 들어 영국 교회는 예배당이 모슬렘에 팔리거나 술집으로 팔려 7천 개 이상이 문을 닫았고, 지금도 매주 평균 2개 이상의 교회가 없어지고 있다. 현재 목사 한 명이 3-5개의 교회를 돌볼 정도로 전 세계에서 가장 급속도로 교회가 쇠퇴하고 있으며, 동시에 모슬렘이 초고속 성장을 이루는 나라가 되고 있다. 너무나 처량한 현실이 아닐 수 없다.

이러한 세계정세 앞에서 우리나라 역시 하나님을 모독하는 죄에 빠지지 않도록 더욱 뜨겁게 기도하며 긴장해야 한다. 하나님이 은혜의 촛대를 옮기시면 모든 것이 끝난다.

둘째, 사탄숭배 운동이 전개된다. 요한계시록은 예수님이 재림하실 때까지의 세상의 영적 흐름과 판도를 예고해 주는 메시지다. 세상은 날이 갈수록 사나워지며 난폭해지고, 하나님을 경배하는 대신 사탄을 숭배하는 죄악은 극에 달할 것이다. 이것이 본문의 적나라한 메시지다.

3절부터의 내용을 보면 사람들이 하나님을 경배하는 대신 점점 더 사탄을 숭배한다. 간략하게 정리하면 세 가지다. 첫째, 온 세상 사람들이 사탄을 따르며 숭배한다(3절). 둘째, 온 세상 사람들이 힘을 합세하여 기독교를 핍박한다(7절). 셋째, 온 세상 나라마다 거짓 진리에 현혹되어 종교혼합주의 나아간다.

11절부터는 보다 실제적인 설명이 나타난다. 계시록답게 인류의 미래 사회가 어떤 현상으로 전개될지를 명확하게 예언한다. 서구 사회가 앞장서서 동양의 신비주의를 기독교와 병합시켜가는 것, 이것이 21세기 포스트모더니즘이며 그 핵심은 종교다원주의다. 외형적으로는 그럴듯한 표현 같지만 그야말로 종교혼합주의, 현대판 통일교다.

예수님은 이런 현상을 '양의 탈을 쓰고 나타나는 늑대'라고 표현하신다.

> 거짓 선지자들을 삼가라 양의 옷을 입고 너희에게 나아오나 속에는 노략질
> 하는 이리라 (마태복음 7:15)

얼마나 명확한 표현인가? 그래서 11절에서는 땅에서 올라오는 짐승이

'어린 양'의 모습으로 등장한다.

> 내가 보매 또 다른 짐승이 땅에서 올라오니 어린 양 같이 두 뿔이 있고 용처
> 럼 말을 하더라 (요한계시록 13:11)

그야말로 감쪽같이 변모한 거짓 진리 운동이다. 요즘은 특히 로마 천주교가 앞장서서 종교혼합주의를 이끌어가고 있다. 무엇보다도 동양 신비주의와 불교를 여과 없이 받아들여 혼합시키고 있다. 또한 선교지에서는 기독교의 부흥과 선교를 방해하거나 억압하려고 정치 세력들이 힘을 합하고 있다. 게다가 정치인들은 표심을 얻기 위하여 성적 소수자들을 보호한다는 명목으로 동성애법까지 지지하고 나선다. 이 모든 것이 요한계시록에서 예고한 대로 진행되는 사탄숭배운동의 이면이다. 앞으로 세상은 더욱더 사납고 무섭게 기독교를 압박하며 폭력까지 휘두를 것이다.

과거 로마제국은 기독교인의 생활을 제재하려고 길드를 조직했다. 그리스도인의 경제활동을 철저히 봉쇄하기 위해 '길드'라는 시스템으로 그리스도인을 옥죄었던 것이다. 앞으로 이와 유사한 종류의 핍박 역시 전 세계적으로 확산되어 나갈 것이다.

그러나 하나님을 거역하는 인간의 그 어떤 대항도 결국은 모래성 쌓기에 불과하다. 우리가 이미 살펴본 12장 17절 말씀 그대로 사탄의 핍박과 인간의 활동은 모래 위에 집을 짓는 수준에 불과하다. 그래서 요한계시록 13장 18절에서 드러나는 결론은 매우 명쾌하다.

지혜가 여기 있으니 총명한 자는 그 짐승의 수를 세어 보라 그것은 사람의
수니 그의 수는 육백육십육이니라 (요한계시록 13:18)

하나님의 거룩한 신성을 모독하고, 대중을 선동하여 세력을 규합하고, 세상의 모든 종교들을 합세시켜 보지만 그 힘은 666에 불과하다는 것이다. 한 가지 재미있는 것은, 당시 로마 황제 네로의 히브리어 글자 수가 666이었다는 사실이다.

성경에서 상징적으로 표현하는 숫자 6은 인간의 제한된 힘을 뜻한다. 하나님의 숫자 7에 미달하는 숫자다. 인간과 세상의 그 어떤 정치적 세력과 경제적 압박도 하나님의 능력 앞에서는 무용지물이기에 인간의 숫자 666에 불과하다고 결론짓는 것이다. 이것은 12장에서는 모래성 쌓기의 비유로, 13장에서는 바벨탑 쌓기의 비유로 기술되면서 이 모든 것이 달걀로 바위를 치는 형국임을 드러낸다. 결국 사람의 힘으로는 결코 하나님을 대항할 수 없다는 단순한 메시지로 귀결한다.

그렇다면 우리는 이러한 세상의 핍박과 조직적인 박해 속에서 어떻게 살아야 할까?

종말의 때를 대하는 신자의 태도

우리가 영적 전투에서 이기는 비결은 간단하다. 인내하는 믿음으로 견

디고 버티는 것이다.

사로잡힐 자는 사로잡혀 갈 것이요 칼에 죽을 자는 마땅히 칼에 죽을 것이
니 성도들의 인내와 믿음이 여기 있느니라 (요한계시록 13:10)

그리스도인으로서 이 세상을 살아가는 데에는 많은 어려움이 따를 수
밖에 없다. 그리스도인이라는 이유로 불이익이나 부당한 대우를 받고, 경
제적 손실뿐만 아니라 명예와 자존심이 짓밟히는 일을 경험할 수도 있다.
하지만 이런 세상의 구조적 악재 속에서도 우리는 끝까지 견디고 이겨내는
믿음으로 살아야 한다. 지금 있는 그 자리에서 인내하는 믿음으로 견디고
버텨야 한다. 직장과 일터에서 아무리 힘들어도 의연하고 꿋꿋하게 자신
의 위치를 지키며 살아가야 한다. 버티기 신앙이 필요하다.

11세기 독일에는 하인리히 3세(Henry III)라는 왕이 있었다. 그는 어느 날
혼탁한 정치생활에 깊은 회의와 허무를 느끼고 수도사가 되기로 결심했
다. 그리고 수도원을 찾아가서 수도원장을 만나 자신의 생각과 뜻을 밝혔
다. 그가 수도사가 되기를 원하는 이유가 왕실 정치에 대한 권태라는 말
을 들은 수도원장은 그것은 올바른 동기가 될 수 없다며 한 가지 질문을
던졌다. "폐하께서 수도사가 되기 위해서는 반드시 맹세해야 할 것이 있
는데 바로 '절대적 순종'입니다. 폐하는 앞으로 하나님의 어떤 명령에도 절
대적으로 순종할 수 있으십니까?" 하인리히는 분명하게 대답했다. "그렇
소!" 답변을 들은 수도원 원장은 재차 진지하게 물었다. "우리 수도원에서

하나님께 순종한다는 것은 구체적으로 이 수도원 원장인 저나 이 수도원에서 지도하는 모든 수사들에 대한 절대적 순종을 요구합니다. 거기에 순종할 수 있으십니까?" 하인리히는 다시 한 번 분명하게 대답했다. "그렇게 하겠소." "그러면 첫 번째 명령을 내리겠습니다. 다시 왕궁으로 돌아가서서 백성을 성실하게 다스리는 일을 잘하시기 바랍니다. 백성을 제대로 다스리지 못하는 자가 하나님을 위한 수도사가 될 수는 없습니다."

오늘 우리가 있는 바로 그 자리에서 믿음으로 버티며 견디는 것이 순교적 신앙생활이다. 어렵고 힘든 그 자리를 올곧은 신앙으로 지켜 나가는 것을 하나님은 기뻐하신다. 기독교 신앙의 역동성은 십자가를 피하는 것이 아니라, 십자가를 달게 지고 견디며 이겨내는 것이다. 우리가 오늘의 십자가를 달게 지고 가는 만큼 더 큰 축복의 경지로 올라서게 될 줄 믿기 바란다. 버티기 신앙으로!

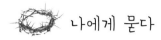 나에게 묻다

성경에서 말하는 종말에 대한 현상들이 우리 주위에서도 일어나고 있다. 그것들은 그럴듯한 외형으로 포장하고 사소한 것으로부터 다가오기 때문에 깨어있지 않으면 거짓 진리임을 구별하기 쉽지 않다. 거짓 진리임을 구별한다 해도 사탄은 다른 사람들도 다 그렇게 한다고 우리에게 끊임없이 속삭인다. 사탄은 우리를 무너뜨리기 위해 모든 힘을 동원한다. 특히, 당신의 약점을 집중적으로 공격한다.

현실에서 벌어지는 사탄의 교묘한 공격을 이겨내기 위해서는 말씀을 통해 진리인 것과 진리가 아닌 것을 분별할 수 있어야 한다. 결정의 기준이 내가 아니라 하나님이어야 한다. 그리고 진리를 발견했을 때, 우리는 믿음으로 인내해야 한다. 인내는 수동적인 반응이 아니다. 적극적으로 사탄에 대항하며 승리를 향해 나아가는 자세다.

"당신이 사탄에게 반복적으로 무너지는 영역은 무엇입니까?"

2 내가 하늘에서 나는 소리를 들으니

많은 물 소리와도 같고 큰 우렛소리와도 같은데

내가 들은 소리는 거문고 타는 자들이 그 거문고를 타는 것 같더라

3 그들이 보좌 앞과 네 생물과 장로들 앞에서 새 노래를 부르니

땅에서 속량함을 받은 십사만 사천 밖에는 능히 이 노래를 배울 자가 없더라

4 이 사람들은 여자와 더불어 더럽히지 아니하고

순결한 자라 어린 양이 어디로 인도하든지 따라가는 자며

사람 가운데에서 속량함을 받아 처음 익은 열매로

하나님과 어린 양에게 속한 자들이니

5 그 입에 거짓말이 없고 흠이 없는 자들이더라

18
CHAPTER

심판 대신
상급을 받을 사람들

우리는 천국을 체험했다고 하는 사람들의 간증이나 책을 접하는 경우가 있다. 그중 몇몇의 이야기는 거짓으로 판명나기도 하지만, 어떤 사람들은 부인할 수 없는 내용을 말하기도 한다. 대부분은 사실적으로 그 경험을 간증하는데 그들이 본 천국의 모습은 매우 황홀하기 때문에 인간의 언어로는 충분히 설명해 내지 못한다. 세상에서 경험하지 못한 찬란한 광경이기 때문에 논리적으로 서술할 수 없는 것이다.

요한계시록 14장이 이와 같다. 사도 요한은 자신이 보고 들은 하늘의 찬란한 광경을 다 설명할 재간이 없었다. 선명하게 보고 들었음에도 불구하고 너무나 신비하고 황홀한 현상이기 때문에 충분히 표현해 내지 못했다. 그래서 요한계시록 14장은 다른 장들보다 비논리적이다. 그는 하늘 세계의 이쪽과 저쪽, 지옥과 천국을 교차적으로 보면서 주체할 수 없는 이야기를 한다.

사도 요한은 자신의 경험이 황당한 환상이 아니라 매우 분명한 사실이기에 몇 가지 핵심 단어로 강조한다. '내가 보았다(1,6,14절)', '내가 큰 음성을 들었다(2,7,8,9,13,15,18절)'는 표현과 '심판과 면류관(7,14절)'이라는 대칭적 설명이 그것이다. 이것은 사도 바울이 고린도후서 12장에서 천국의 신비로움을 체험한 후 황홀하고 미묘하게 설명하는 것과 비슷하다.

> 무익하나마 내가 부득불 자랑하노니 주의 환상과 계시를 말하리라 내가 그리스도 안에 있는 한 사람을 아노니 그는 십사 년 전에 셋째 하늘에 이끌려 간 자라 (그가 몸 안에 있었는지 몸 밖에 있었는지 나는 모르거니와 하나님은 아시느니라) 내가 이런 사람을 아노니 (그가 몸 안에 있었는지 몸 밖에 있었는지 나는 모르거니와 하나님은 아시느니라) 그가 낙원으로 이끌려 가서 말로 표현할 수 없는 말을 들었으니 사람이 가히 이르지 못할 말이로다
>
> (고린도후서 12:1-4)

또한 구약시대의 요한계시록이라고 할 수 있는 다니엘서의 저자 다니엘이 지구 종말의 환상과 천국의 영광을 보았을 때 어안이 벙벙했던 것과도 비슷하다.

> 내가 듣고도 깨닫지 못한지라 내가 이르되 내 주여 이 모든 일의 결국이 어떠하겠나이까 하니 (다니엘 12:8)

사도 요한도 마찬가지였다. 유배지 밧모섬에서 처음으로 하늘의 영광을 보는 순간, 그는 죽은 사람처럼 예수님의 발 앞에 납작 엎드렸다. 무아지경에 빠졌다.

> 내가 볼 때에 그의 발 앞에 엎드러져 죽은 자 같이 되매 그가 오른손을 내게 얹고 이르시되 두려워하지 말라 나는 처음이요 마지막이니 (요한계시록 1:17)

이처럼 하늘의 세계를 인간의 언어로 표현하려니 비논리적일 수밖에 없다. 그래서 14장은 다른 장에 비해 매끄럽게 전개되지 못하는 것처럼 보인다. 그러나 핵심은 분명하다. 진실한 자와 거짓된 자의 운명을 극명하게 대조하여 명확하게 설명해 준다. 하나님을 거역한 사람들은 심판을 받고(7절), 세상에서 많은 핍박과 환난을 받으면서도 믿음을 지킨 사람들에게는 금 면류관이 주어진다고 선언한다(14절). 사도 요한은 이미 13장에서 우렁차게 선포했듯이, 거룩하신 하나님을 모독하고 사탄을 숭배하는 자들은 무서운 심판을 받을 것이라고 재차 선언한다. 그 대신 끝까지 자신의 믿음을 지킨 사람들은 찬란한 면류관을 받을 것이라고 더욱 힘차게 선언한다.

그렇다면 세상을 심판하시는 하나님께서 끝까지 믿음을 지킨 성도들에게 주시는 상급은 무엇일까?

예수님과 함께 누리는 영광

13장에 등장하는 인물은 '어린 양의 탈을 쓴 사탄'이다(11절). 그런데 14장 1절은 어린 양 예수님이 시온산에 서 계신 모습과 그와 함께 십사만 사천 명의 성도가 함께 서 있는 광경을 설명한다. 환난과 핍박을 이겨낸 성도들이 어린 양 예수님과 함께 서 있는 모습이 장관이다. 이 십사만 사천 명의 성도는 이미 7장에서도 소개가 되었다. 그런데 7장은 지상에서 믿음으로 싸우고 있는 십사만 사천 명을 소개하는 반면, 14장은 천상에서 승리의 영광을 누리고 있는 십사만 사천 명을 소개하고 있다. 과연 어떤 성도들이 승리의 영광을 누리게 되는 것일까?

> 그들이 보좌 앞과 네 생물과 장로들 앞에서 새 노래를 부르니 땅에서 속량함을 받은 십사만 사천 밖에는 능히 이 노래를 배울 자가 없더라 이 사람들은 여자와 더불어 더럽히지 아니하고 순결한 자라 어린 양이 어디로 인도하든지 따라가는 자며 사람 가운데에서 속량함을 받아 처음 익은 열매로 하나님과 어린 양에게 속한 자들이니 그 입에 거짓말이 없고 흠이 없는 자들이더라 (요한계시록 14:3-5)

한결같이 강조하고 있는 것은 '구원받은 사람은 반드시 승리한다'는 사실이다. 그렇다면 반드시 승리하는 사람은 어떠한 신앙을 가지고 살아야 할까?

첫째, 믿음의 정절을 지키며 살아야 한다(4절a).

둘째, 주님의 인도를 받으며 살아야 한다(4절b).

셋째, 주님 앞에서 진실하게 살아야 한다(5절).

하나님은 그들의 진실한 삶이 곧 완전한 헌신이라고 높이 평가해 주신다. 그래서 사도 요한은 12절에서 다시 한 번 부연하고 있다.

> 성도들의 인내가 여기 있나니 그들은 하나님의 계명과 예수에 대한 믿음을
> 지키는 자니라 (요한계시록 14:12)

이러한 숭고한 신앙을 가지고 사는 사람들이 하늘에서 얼마나 찬란한 영광을 누리고 있는지 사도 요한은 가슴 벅차게 설명한다.

> 또 내가 보니 흰 구름이 있고 구름 위에 인자와 같은 이가 앉으셨는데 그 머
> 리에는 금 면류관이 있고 그 손에는 예리한 낫을 가졌더라 (요한계시록 14:14)

우리가 세상의 많은 유혹을 받으면서도 믿음의 정조를 지키고, 혼란스러운 세상에서 주님의 인도를 따르며 진실하게 사는 만큼 예수님과 함께 하늘의 영광을 누리게 된다.

예수님과 함께 누리는 안식

요한은 하늘의 신비롭고 찬란한 광경을 보다가 하늘에서 들려오는 한 음성을 듣는다.

> 또 내가 들으니 하늘에서 음성이 나서 이르되 기록하라 지금 이후로 주 안
> 에서 죽는 자들은 복이 있도다 하시매 성령이 이르시되 그러하다 그들이 수
> 고를 그치고 쉬리니 이는 그들의 행한 일이 따름이라 하시더라
>
> (요한계시록 14:13)

여기서 중요한 것은 '쉼의 복, 복된 쉼'이다. 그동안 성도들은 세상에서 너무나 힘들게 살았다. 영적 전투를 치르느라 때로는 지치기도 했다. 신앙을 지키며 산다는 것은 고통이었다. 오늘날 그리스도인으로 살아가는 우리도 마찬가지 아닌가? 몸도 마음도 편히 쉴 날이 없다. 그러나 참된 신앙인의 삶을 포기하거나 멈출 수 없다. 믿음을 지킨 성도들은 마지막 때에 하늘의 복된 안식을 누리게 될 것을 보여 주셨기 때문이다.

이러한 맥락으로 요한계시록 14장을 분석해 보면 심판과 축복, 형벌과 상급이 극명한 대칭을 이룬다. 천사들은 세 번에 걸쳐 세상이 처참하게 멸망할 것을 선포한다. 그동안은 짐승의 표를 받은 자가 세상에서 편리를 누리며 살았는데, 이제부터 그들은 잠시도 쉬지 못하는 유황불 속에서 고통을 당하며 살아가게 된다고 엄중하게 공포한다(7-11절).

특히, 11절의 선포는 너무나 절망적이다. 그들은 지옥 불에 떨어지는 순간부터 한순간도 쉼을 얻지 못한다. 단 1분의 휴식도 허락되지 않는다. 얼마나 대조적인가? 성도들은 예수님과 함께 영원한 쉼을 누리는데, 그들은 불구덩이 속에서 영원히 고통을 당하며 살아간다. 마치 누가복음 16장에 등장하는 지옥에 떨어져 영원한 고통을 당하는 한 부자의 이야기와 비슷하다. 또한 19-20절은 예수님을 믿지 않는 자들은 하나님의 진노의 술틀 속으로 던져진다고 말한다. 그들은 그 속에서 사정없이 짓밟히며 피를 쏟게 된다. 결론은 이것이다.

> **성 밖에서 그 틀이 밟히니 틀에서 피가 나서 말 굴레에까지 닿았고 천육백**
>
> **스다디온에 퍼졌더라** (요한계시록 14:20)

이 표현은 하나님의 우주적 심판이 얼마나 철두철미한가를 말해 준다. '천육백'이라는 숫자는 4의 제곱에 완전수인 10의 제곱이 곱해지는 수이다. 즉, 4×4는 동서남북, 10×10은 모든 지역이 심판의 대상임을 의미하는 것으로, 하나님께서 온 세상을 얼마나 철저하게 심판하시는가를 생생하게 묘사한다. 어느 누구도 이 심판을 피할 길이 없다. 따라서 인간은 반드시 예수님을 믿어야 한다. 예수님을 믿고 구원받는 길 외에는 다른 방도가 없다. 그야말로 '예수 천당, 불신 지옥'이다. 이것은 어쩔 수 없는 사실이다.

요한계시록 14장의 메시지는 장엄하면서도 단순하다. 예수님을 믿지 않는 자들은 하늘의 심판을 받아 지옥 불에 떨어져 영원한 고통의 형벌 중에 살게 되고, 예수님을 믿고 따르는 자들은 하늘의 상급을 받아 찬란한 영광과 영원한 안식을 누리며 살게 된다. 그러므로 심판과 상급은 이 세상에서 우리가 하는 선택에 대한 영원한 결과다.

예수님은 성도들이 하나님 나라에서 누리게 될 영광스러운 축복과 상급을 이렇게 예고하신다.

> 인자가 자기 영광으로 모든 천사와 함께 올 때에 자기 영광의 보좌에 앉으리니 모든 민족을 그 앞에 모으고 각각 구분하기를 목자가 양과 염소를 구분하는 것 같이 하여 양은 그 오른편에 염소는 왼편에 두리라 그 때에 임금이 그 오른편에 있는 자들에게 이르시되 내 아버지께 복 받을 자들이여 나아와 창세로부터 너희를 위하여 예비된 나라를 상속받으라
>
> (마태복음 25:31-34)

우리는 심판이 아닌 하늘의 영광과 상급을 누릴 자들이다. 그러므로 어떤 어려움을 겪더라도 끝까지 믿음으로 살아가야 한다. 영원한 영광과 쉼의 복을 바라보며 최선을 다해 헌신하며 살아가는 믿음의 사람들이 되기를 바란다.

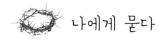 나에게 묻다

끝까지 인내하고 믿음을 지킨 성도들은 천국에서 하나님과 함께 안식과 영광을 누린다. 천국은 하나님과 함께하는 것 자체로 충분한 의미가 있다. 이 영원한 누림은 성도 모두의 소원이지만 누구에게나 보장되는 것은 아니다. 세상을 심판하실 때, 우리가 양의 무리에 속할지, 염소의 무리에 속할지는 오직 하나님만이 아신다.

그러나 하나님은 미리 그 기준을 말씀해 주셨다. 믿음의 정절을 지키며 진실하게 사는 것이다. 답은 이미 주어졌으니 우리는 평생의 삶을 통해 주어진 문제를 잘 풀어 나가기만 하면 된다. 하나님은 그 문을 활짝 열어 놓고 계신다.

"당신은 주님과 사람들 앞에서 진실하게 살고 있습니까?"

1 또 하늘에 크고 이상한 다른 이적을 보매

일곱 천사가 일곱 재앙을 가졌으니 곧 마지막 재앙이라

하나님의 진노가 이것으로 마치리로다

2 또 내가 보니 불이 섞인 유리 바다 같은 것이 있고

짐승과 그의 우상과 그의 이름의 수를 이기고 벗어난 자들이

유리 바다 가에 서서 하나님의 거문고를 가지고

3 하나님의 종 모세의 노래, 어린 양의 노래를 불러 이르되

주 하나님 곧 전능하신 이시여 하시는 일이 크고 놀라우시도다

만국의 왕이시여 주의 길이 의롭고 참되시도다

4 주여 누가 주의 이름을 두려워하지 아니하며 영화롭게 하지 아니하오리이까

오직 주만 거룩하시니이다 주의 의로우신 일이 나타났으매

만국이 와서 주께 경배하리이다 하더라

19
CHAPTER

노래하며
살아가는 영성

요즘은 이어폰을 귀에 꽂고 음악을 듣는 사람들을 어디서든 쉽게 볼 수 있다. 출퇴근길이나 운동할 때, 또는 여행 중에도 음악을 즐겨 듣는다. 또 사무실이나 가게, 카페, 병원, 백화점 어디를 가든지 음악이 흘러나온다. 많은 사람이 노래를 듣는 것뿐만 아니라 노래를 부르는 것도 좋아한다. 그래서 노래방이나 공연을 즐겨 찾는다. 이만큼 현대인은 음악 위주의 삶을 살아가고 있다.

그런데 날마다 찬송하고 노래하며 살아야 할 그리스도인이 세상 사람들보다 뒤처지고 있는 것 같다. 우리는 한 주 동안 얼마나 찬송을 부르며 살았는가?

그리스도인에게는 노래하며 살아가는 영성 생활이 필요하다. 찬송하며 사는 신자일수록 전인적으로 건강하다. 특히 새벽기도회에 나와서 노래를 부르며 하루를 시작하는 사람일수록 장수한다고 한다. 이른 시각에 몸속에 있는 질소와 독소를 몸 밖으로 배출해 내기 때문이다.

광야 길에서 고달픈 인생을 살았던 모세는 노래를 즐겨 불렀다. 황량한 들판에서 고독하게 살았던 다윗도 찬양을 즐겨 불렀고, 악기를 연주하고 시를 읊는 생활을 즐겼다. 혹독한 시련을 겪었던 욥도 찬송의 힘으로 어두운 터널을 통과할 수 있었다. 특히 사도 바울은 인생의 적막한 외로움을 찬송으로 극복하며 살았다. 이처럼 성경에는 찬송을 즐겨한 사람이 많이 등장한다. 무엇보다 예수님도 십자가 수난이라는 절체절명의 위기를 찬송으로 정복하셨다. 성경은 예수님이 제자들과 마지막 만찬을 즐기시고 함께 찬송을 부르신 후 감람산으로 올라가셨다고 기록한다.

이에 그들이 찬미하고 감람 산으로 가니라 (마가복음 14:26)

우리는 어떤가? 힘들고 고달픈 삶의 현장에서 과연 그리스도인답게 찬송으로 축제의 인생을 살고 있는가?

일본의 기독교 지도자였던 우찌무라 간조(內村鑑三)는 환난을 이기는 찬송생활을 이렇게 말했다. "어느 날 나에게 사상이 말라 버렸다. 나에게는 부를 노래가 없고, 할 말도 없어졌다. 그때 누가 와서 무정한 것으로 내 마음을 찔렀다. 나는 몹시 고통을 느꼈다. 나는 비명을 질렀다. 그런데 보라. 그가 남긴 상처에서 사상의 샘이 흘러나온다. 내 신앙의 눈이 열리고, 찬미의 노래가 내 입에 다시 돌아왔다. 그때 나는 찬송을 부르면서 내 아픈 상처를 치유받았다. 그러면서 이렇게 스스로 말했다. '무정하고도 친절한 원수여, 너는 나에게 새로운 노래를 주었노라.'"

요한계시록 15장은 예수님의 재림과 함께 영광스러운 승리를 내다보는 성도들이 부르는 전주곡이다.

> 또 하늘에 크고 이상한 다른 이적을 보매 일곱 천사가 일곱 재앙을 가졌으
> 니 곧 마지막 재앙이라 하나님의 진노가 이것으로 마치리로다
>
> (요한계시록 15:1)

예수님의 찬란한 재림과 함께 승리의 정상에 서게 될 성도들은 하늘에서 펼쳐지는 크고 놀라운 기적의 광경을 보게 된다. 그리고 큰 소리로 찬송을 부르기 시작한다. 그들이 부르는 찬송의 내용은 오늘을 사는 우리가 불러야 하는 찬송이기도 하다.

하나님의 능력을 찬송하자

사도 요한은 성도들이 하늘에서 큰 소리로 찬양하는 광경을 보면서 그들이 부르는 노랫소리를 자세히 듣게 된다(2-3절). 그들은 모세의 노래와 어린 양 예수의 노래를 부르고 있다. 그 첫 번째 노래는 전능하신 하나님께서 놀라운 구원을 이루어 주심을 찬양하는 가사다. 하나님께서 구원하

시는 일의 크고 놀라움, 그 감개무량함을 노래하는 것이다. 그래서 요한 계시록은 '전능하신 하나님'이라는 표현을 수없이 반복한다.

구약시대의 대표적인 인물인 모세는 일찍이 하나님께서 이스라엘 백성을 얼마나 큰 능력으로 구원하셨는지를 장엄하게 노래하였다(출애굽기 15장). 그리고 이제 신약시대의 성도들은 인류의 구원자로 오신 어린 양 예수님이 얼마나 크고 놀라운 구원을 이루셨는지 노래하고 있는 것이다.

우리는 모두 죄악에서 건지시는 하나님의 능력과 은혜로 구원을 받은 사람들이다. 그러므로 하나님을 찬양하며 살아가야 한다.

하나님의 왕권을 찬송하자

우리는 왕이신 하나님을 찬양하며 살 때, 세상에서 위축되지 않을 수 있다. 하나님은 오늘도 우주의 왕으로서 이 세상을 올바르고 참되게 다스려 가신다. 그러기에 우리의 미래는 승리가 보장되어 있는 것이다. 왕이신 하나님께서 함께해 주시기 때문에 우리는 어떤 상황에서도 승리하며 살게 될 것을 믿어야 한다.

욥기의 말씀처럼 하나님은 밤중에도 노래하게 하신다.

> 나를 지으신 하나님은 어디 계시냐고 하며 밤에 노래를 주시는 자가 어디
> 계시냐고 말하는 자가 없구나 (욥기 35:10)

찰스 스펄전(Charles H. Spurgeon) 목사님도 이렇게 말했다. "낮에는 누구든지 노래할 수 있다. 그러나 밤중에 노래하는 자가 하나님의 사람이다." 설교자 켄트 휴스(R. Kent Hughes)는 "우리가 거듭날 때 하나님은 우리 마음 안에 찬양을 허락하신다."고 말했다. 거듭남의 증거 중 하나가 '찬양하고 싶은 마음'이라는 것이다. 당신에게는 그 마음이 있는가?

하나님의 거룩을 찬송하자

이 세상은 갈수록 하나님을 대항한다. 겁도 없이 신성모독을 자행하고, 거짓 영에게 현혹되어 죄와 타락의 절정으로 달려가고 있다. 하지만 이런 때일수록 우리는 하나님의 거룩하심을 더욱 경배하고 찬양해야 한다.

> 주여 누가 주의 이름을 두려워하지 아니하며 영화롭게 하지 아니하오리이까
> 오직 주만 거룩하시니이다 주의 의로우신 일이 나타났으매 만국이 와서 주
> 께 경배하리이다 하더라 (요한계시록 15:4)

성경은 우리가 무엇을 찬양할 것인가에 대해 구체적으로 제시해 준다. 간단히 정리해 보면 다음과 같다.

하나님의 사랑에 대하여(시편 107:8)

하나님의 보호하심에 대하여(시편 59:16-17)

하나님의 도우심에 대하여(시편 68:19)

하나님의 불변성에 대하여(히브리서 13:8)

하나님의 신실하심에 대하여(시편 71:22)

하나님의 거룩하심에 대하여(요한계시록 4:8)

우리가 하나님의 거룩하심을 찬양할수록 우리 자신도 거룩해진다.

찬송하며 사는 자에게 열리는 하늘 문

15장의 절정은 멋지고 매우 역동적이다. 성도들이 고난 중에서도 미래의 승리의 영광을 바라보며 찬송을 부르니 하늘의 성전이 열린다. 예수님은 하늘의 성전이 활짝 열리는 장엄한 광경을 보여 준다. 그래서 요한은 감개무량하여 이렇게 간증한다.

또 이 일 후에 내가 보니 하늘에 증거 장막의 성전이 열리며 (요한계시록 15:5)

요한계시록은 항상 멋진 대조를 이루며 전개된다. 세상이 심판을 받아 힘없이 망할 때, 세상에서 힘없이 박해받던 성도들은 노래를 부르며 활짝 열린 하늘의 성전으로 의기양양하게 입성한다. 천국 찬양대의 웅장한 심포니 연주와 함께 하늘 문이 활짝 열리면서 성도들은 하나님의 성전으로 들어간다. 마치 세종문화회관이나 예술의 전당에서 공연을 시작할 때 웅장한 심포니 연주와 함께 무대의 막이 올라가는 것과 비슷하다.

영국의 시인 존 드라이든(John Dryden)은 본문의 장면을 이렇게 사실적으로 묘사한다. "높은 곳에서 나팔 소리가 들릴 때 산자는 죽을 것이나 죽은 자는 살아날 것이다."

오늘도 우리가 찬송하는 만큼 하늘 문이 열리고 막힌 담이 무너진다. 사도 바울과 실라가 감옥에서 찬송을 부를 때 모든 감옥 문이 다 열렸다. 사도행전 16장 26절을 보면, 내옥의 문과 외옥의 문 모두 다 열렸음을 강조한다. 그리고 모든 사람을 묶고 있던 쇠사슬도 다 풀렸다는 기적의 은총을 기록하고 있다. 여기서 중요한 것은 '모두 다 열리고 모두 다 풀렸다'는 것이다.

기독교 초기의 교부 터툴리안(Tertullian)은 이것을 이렇게 해석한다. "바울과 실라의 마음이 하늘에 올라가 있을 때에는 발이 쇠사슬과 차꼬에 매여 있음을 느끼지 못했을 것이다." 무슨 뜻인가? 그들이 어두운 밤에도 찬송을 부를 때, 그들의 발은 여전히 차꼬에 묶여 있었으나 그들의 마음은 천국에 가 있었다.

우리도 인생의 어두운 밤에 찬송으로 기적을 일으킬 수 있기를 바란다. 찬송은 쇠사슬 같은 억압에서 우리를 해방시켜 준다. 찬송을 통해 침체된 영혼이 살아나고 억압에서 풀려난 대표적인 인물이 바로 다윗이다. 다윗이

205

힘이 넘쳤던 것은, 그의 허리춤에 매여 있는 골리앗의 장검 때문이 아니었다. 그의 입술에 붙어 있는 찬송 때문이었다.

그러나 안타깝게도 사울 왕은 찬송을 멈추기 시작한 때부터 우울증에 걸렸고, 억압과 속박에 시달렸다. 찬송의 입을 닫은 후부터 귀신에게 사로잡혀 강박증으로 살았다. 그는 찬송생활을 멈춘 후부터 사탄의 노리갯감이 되었다.

그러므로 우리는 찬송을 즐겨 불러야 한다. 찬송을 부를 때 성령이 임하신다. 성령으로 충만해진다. 하나님의 보좌가 움직인다. 찬송을 부르는 만큼 지친 영혼이 살아난다. 어둠 속에 매여 있는 심령이 억압에서 풀리고 닫힌 마음이 열린다. 찬송을 부르는 만큼 내면세계가 평안해진다. 어떤 상황에서도 노래하는 영성생활을 지속한다면 놀라운 일이 일어난다.

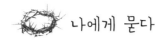 나에게 묻다

2013년에 개봉한 영화 '비긴 어게인(Begin Again)'에는 다음과 같은 대사가 나온다. "그 사람이 듣는 음악을 보면 그 사람을 알 수 있지." 음악은 단순한 취향을 넘어 그 사람의 생각과 가치관을 반영한다는 이야기일 것이다.

당신이 듣는 음악, 당신이 부르는 노래, 흥얼거림을 통해 어떠한 가치관이 드러나고 있는가? 그 안에 하나님이 계시는가? 다른 사람들이 당신이 성도임을 알 수 있는가?

찬송하는 사람만이 누릴 수 있는 특권이 있다. 그 특권을 아는 성도는 하나님을 찬양하는 것을 멈추지 않는다. 당신은 그 특권을 누리고 있는가? 아직 누리지 못하고 있다면 소리 높여 하나님을 찬양하라! 당신에게도 하나님의 선물이 찾아갈 것이다.

"당신이 경험한 찬송생활의 능력은 무엇입니까?"

3 곧 성령으로 나를 데리고 광야로 가니라

내가 보니 여자가 붉은 빛 짐승을 탔는데

그 짐승의 몸에 하나님을 모독하는 이름들이 가득하고

일곱 머리와 열 뿔이 있으며

4 그 여자는 자주 빛과 붉은 빛 옷을 입고

금과 보석과 진주로 꾸미고 손에 금 잔을 가졌는데

가증한 물건과 그의 음행의 더러운 것들이 가득하더라

5 그의 이마에 이름이 기록되었으니 비밀이라,

큰 바벨론이라, 땅의 음녀들과 가증한 것들의 어미라 하였더라

20

세상 심판이
곧 구원의 완성

한 교인으로부터 메시지를 받았다. 해외여행 중, 아름다운 관광지를 둘러보고 있던 사이 도둑이 지갑을 훔쳐 갔다는 것이다. 순식간에 일어난 일이었다고 한다. 세상의 종말과 심판도 이와 같다. 도둑같이 아무도 모르게 임한다. 그래서 데살로니가전서에서는 이렇게 경고한다.

> 그들이 평안하다, 안전하다 할 그 때에 임신한 여자에게 해산의 고통이 이름
>
> 과 같이 멸망이 갑자기 그들에게 이르리니 결코 피하지 못하리라
>
> (데살로니가전서 5:3)

베드로 역시 동일하게 말한다.

> 그러나 주의 날이 도둑 같이 오리니 그 날에는 하늘이 큰 소리로 떠나가고
> 물질이 뜨거운 불에 풀어지고 땅과 그 중에 있는 모든 일이 드러나리로다
>
> (베드로후서 3:10)

그래서 예수님은 이러한 갑작스러운 종말을 대비하며 살아야 한다고 말씀하신다.

> 이러므로 너희도 준비하고 있으라 생각하지 않은 때에 인자가 오리라
>
> (마태복음 24:44)

이것이 요한계시록 16-17장의 핵심 메시지다. 요한계시록 16장 15절은 "보라 내가 도둑 같이 오리니 누구든지 깨어 자기 옷을 지켜 벌거벗고 다니지 아니하며 자기의 부끄러움을 보이지 아니하는 자는 복이 있도다."라고 말씀하신다. 예고 없이 갑자기 찾아오는 심판을 피할 길은 없다. 누구도 예외가 아니다.

이처럼 세상의 종말은 반드시 온다. 그리고 어느 순간 갑자기 온다. 피할 길이 없다. 또한 우리가 구원을 받으려면 세상은 심판을 받아야만 한다. 이것이 하나님 나라의 완성이기 때문이다. 사실 하나님은 사람들이 회개하고 돌아오기를 기다릴 만큼 기다려 주셨다. 그래서 예수님은 천사들을 시켜서 요한에게 아주 선명하고 분명하게 종말현상을 보여 주며 말씀하신다.

요한은 하늘로부터 큰 소리를 듣는다. 어떤 내용을 확실하게 말씀해 주시려는 건가?

철저하게 심판받는 세상

사도 요한은 이미 천국의 찬란한 영광을 선명하게 보았다(15:1). 그리고 이번에는 세상 심판에 관한 하늘의 선포를 분명하게 듣는다(16:1).

하나님은 이 세상을 세 가지 단계로 심판하신다. 첫째, 세상 전체를 심판하신다. 계시록 8장 6절부터 9절에서는 땅과 바다의 1/3만 부분적으로 심판하시는 경고를 한 바 있다. 사람들로 하여금 예수님을 믿고 구원받을 수 있는 유예기간을 충분히 주신 것이다. 그러나 이제는 세상 전체를 완전히 심판하신다. 둘째, 죄인들을 심판하신다. 셋째, 적그리스도 자체를 심판하신다. 악의 근원을 세상으로부터 완전히 축출하시므로 하나님의 나라를 완성하신다. 한마디로 하나님은 세상을 철저하게 심판하신다.

회개하지 않는 세상

이미 언급한 대로 세상을 향한 하나님의 심판은 점점 절정을 향하고 있다. 그런데도 사람들은 회개할 기미를 보이지 않는다. 사람들은 갈수록 하나님의 이름을 모독하며, 하나님께 영광을 돌리지 않는다. 이것이 오늘날의 현상이다.

> 사람들이 크게 태움에 태워진지라 이 재앙들을 행하는 권세를 가지신 하나님의 이름을 비방하며 또 회개하지 아니하고 주께 영광을 돌리지 아니하더라 (요한계시록 16:9)

우리는 두려워하며 긴장해야 한다. 우리도 이토록 많은 말씀을 들으면서 회개하지 않는다. 회개는 큰 범죄를 한 사람이 해야 하는 것이 아니다. 내 기도에서 회개가 사라지고 있지 않는가? 내 삶을 돌아보며 아픈 가슴으로 나 자신을 치며 회개한 적은 있는가?

또한 사람들은 자신이 당하는 재난과 아픔을 하나님 탓으로 돌리며 더욱 하나님을 모독한다. 자신의 행위는 전혀 회개하지 않으면서 오히려 갈수록 악한 행위를 일삼는다.

> 아픈 것과 종기로 말미암아 하늘의 하나님을 비방하고 그들의 행위를 회개하지 아니하더라 (요한계시록 16:11)

깨달을 때가 되었음에도 회개하지 않는 것이 인간의 모습이다. 인간은 원죄 때문에 전적으로 부패하고 타락했다. 이성과 영성이 죄로 오염되어 있기 때문에, '어차피 믿지 않았으니 끝까지 믿지 말자'고 고집을 부리는 것이다.

구약시대 때도 그랬다. 노아와 아브라함이 죄로 물든 사람들을 보며 간절하게 호소한 것은 '회개하라'였다. 그러나 사람들은 회개하지 않았다. 그래서 어떻게 되었는가? 그들은 결국 하나님의 심판을 받았다.

심판을 받지 않고 구원을 받는 방법은 간단하다. 회개만 하면 된다. 구원에 이르는 길이 이처럼 쉬운 일임에도 불구하고 사람들은 회개를 잘 하지 않는다.

천국 출입문에는 이런 표지판이 붙어 있다고 한다.

"회개한 자만이 들어올 수 있음"

다윗은 처절한 눈물로 회개했지만, 사울은 회개하지 않았다. 베드로는 통곡하며 회개했는데 가룟 유다는 회개 없이 망했다. 회개하는 사람에게만 희망과 회복이 있다.

끝까지 하나님을 대항하는 세상

우리가 죄에 길들여질수록 회개하지 않을 뿐만 아니라, 더 나아가 하나님을 거역하고 대항하며 살아간다. 그래서 사탄은 사람들의 영을 더욱 혼미하게 한다. 이것이 요한계시록에서 예고하는 아마겟돈 전쟁이다. '아마겟돈'이라는 단어는 히브리어 '아'(산)+'므깃도'(평원)가 합해진 단어다. 즉 산과 평원, 사람들이 함께 모이는 장소라는 뜻이다.

13절부터는 세상이 적극적으로 힘을 합세하여 하나님을 대항하는 모습이 그려지는데, 그 모습이 굉장하다. 요한계시록은 지금 우리가 살고 있는 이 시대의 현상을 매우 정확하게 예언해 준다. 국경, 민족, 정치적 입장, 종교적 특성을 초월하여 철저하게 힘의 규합을 이루는 것이 마지막 시대의 특징이다. 특히, 적그리스도도 사탄의 삼위일체적 연합을 시도한다. 개구리같이 생긴 악한 영 셋이 힘을 규합한다. '용과 짐승과 거짓예언자' 즉, 마귀와 세상 권세와 이단이 삼위일체로 힘을 합하여 하나님을 대항하는 전쟁을 전개해 나간다.

이 시대는 이 말씀대로 흘러가고 있다. 종교와 이념, 정부와 사이비 단체가 서로 힘을 합하여 하나님께 정면 도전하고 저항하고 있다.

세 영이 히브리어로 아마겟돈이라 하는 곳으로 왕들을 모으더라

(요한계시록 16:16)

날이 갈수록 세계 각국의 정상들이 한자리에 모여 허무맹랑한 결정을 한다. 이것이 포스트모더니즘과 포퓰리즘이다. 인기영합주의다. 이념이나 사상과 상관없이 사람들의 기분을 맞추기 위해 하나님을 거역하는 일에 영합하는 것이다. 하나님은 끝없이 세상의 심판을 경고하고 계시는데도 말이다.

철저하게 패망하는 세상

드디어 일곱째 천사가 세상을 향해 진노의 대접을 쏟아 붓자, 하늘의 성전 보좌로부터 큰 음성이 들려온다.

일곱째 천사가 그 대접을 공중에 쏟으매 큰 음성이 성전에서 보좌로부터

나서 이르되 되었다 하시니 (요한계시록 16:17)

하나님의 심판이 종결되었음을 선언한다. 세상이 아무리 발버둥을 치고, 모든 나라가 힘을 합하여 하나님을 대항한다고 해도 하나님의 엄중한 심판을 막아내지 못한다. 세상은 한순간에 패망함으로 끝나고 만다. 하나님은 심판의 종결을 간단하게 선포하신다. "다 끝났다(It is done)." 그날이 다가오고 있다.

그래서 18절부터 21절까지는 하나님이 세상을 심판하시는 상황을 사실적으로 보여 준다. 하나님께서 천둥과 번개를 치시며 큰 지진을 일으키시니 세상 모든 것이 흔적도 없이 사라져 버린다. 이처럼 심판은 세상의 근본적 죄악을 완전히 청소하는 것이다. 모든 죄의 근원을 다 없애 버린다. 이렇게 했을 때 비로소 하나님께서 축복하시는 새 하늘과 새 땅이 도래하기 때문이다. 단테의 표현 그대로 '실낙원'을 '복낙원'으로 새롭게 창조해 주신다.

그런데 이처럼 철저하고 처절하게 심판을 받을 것을 알면서도 하나님을 대항하고 신성을 모독하는 자들은 더욱더 극도로 타락해 간다. 이쯤 되면 두 손 들고 하나님께로 돌아올 만도 한데, 마지막 기회마저도 놓쳐 버린다. 그들은 끝까지 회개하지 않으며 막무가내로 하나님께 대항한다. 이것이 계시록 17장의 부연설명이다. 본문은 그 현상을 세 가지로 압축하여 설명하고 있다.

첫째, 세상 사람들에게 많은 영향을 준다(1절).

둘째, 전 세계적으로 많은 사람들이 추종한다(3절).

셋째, 세상에 있는 모든 교회와 성도들을 핍박한다(6절).

특히, 13절을 보면 세상 모든 나라와 지도자들은 한마음 한뜻으로 기독교를 핍박한다.

이런 절체절명의 위기 상황에서 사도 요한은 또 하나의 놀라운 광경을 보며, 하늘의 음성을 선명하게 듣는다. 성경은 그가 얼마나 선명하게 보고, 분명하게 들었는지를 사실적으로 묘사하고 있다.

네가 보던 열 뿔은 열 왕이니 아직 나라를 얻지 못하였으나 다만 짐승과 더불어 임금처럼 한동안 권세를 받으리라 (요한계시록 17:12)

또 천사가 내게 말하되 네가 본 바 음녀가 앉아 있는 물은 백성과 무리와 열국과 방언들이니라 네가 본 바 이 열 뿔과 짐승은 음녀를 미워하여 망하게 하고 벌거벗게 하고 그의 살을 먹고 불로 아주 사르리라 (요한계시록 17:15-16)

또 네가 본 그 여자는 땅의 왕들을 다스리는 큰 성이라 하더라

(요한계시록 17:18)

여기서 반복적으로 나타나는 '네가 본(you saw)'이라는 표현은 매우 실제적이다. 요한이 인간의 눈으로 볼 때는 세상이 크고 강하게 보일 수 있다. 반면 교회나 그리스도인의 힘은 약해 보일 수 있다. 특히 절대적인 기준이 사라진 포스트모더니즘 사회에서는 세상의 힘이 더 커진다.

하지만 성령님이 보여 주시는 영적 관점으로 보면 어린 양 예수님이 만왕의 왕이시고, 만주의 주님이라는 사실을 하나님은 말씀하고 계신다.

> 그들이 어린 양과 더불어 싸우려니와 어린 양은 만주의 주시요 만왕의 왕이
>
> 시므로 그들을 이기실 터이요 또 그와 함께 있는 자들 곧 부르심을 받고 택
>
> 하심을 받은 진실한 자들도 이기리로다 (요한계시록 17:14)

겉으로 볼 때는 '어린 양'처럼 약한 존재지만, 실상은 '만왕의 왕'이다. 그리고 성도들은 그 어린 양 예수님과 함께 승리한다. 세상은 패망하고 그리스도인은 승리하는 것, 이것이 종말 심판의 결론이다.

어린 양 예수와 함께 승리하는 성도들

지금까지 살펴본 대로, 요한계시록의 핵심 단어는 '승리'다. 예수님과 교회의 궁극적 승리의 환상을 바라보며 살라는 것이다.

요한계시록의 메시지는 시종일관 대칭적인 구도로 전개된다. 세상 나라와 하나님 나라, 세상 사람들과 천국 백성, 적그리스도와 참 예수 그리스도, 심판과 구원, 사탄의 패배와 예수님의 승리, 세상의 멸망과 성도들의 영광을 대칭적으로 설명한다.

이러한 맥락에 따라, 요한계시록 16장과 17장은 두 가지 모습을 대비시켜 중요한 메시지를 전달한다. 세상의 세력이 아무리 커도 하나님 나라의 능력은 훨씬 더 크다는 메시지다.

금세기의 훌륭한 목회자인 릭 워렌(Rick Warren)의 표현처럼, 우리가 파도에 휩쓸리면 죽지만 파도를 타면 기막힌 스포츠가 된다. 즉, 우리는 하나님의 능력이라는 파도를 타는 사람이어야 한다.

그렇다면 우리가 어떻게 신앙생활을 해야 요지경 같은 생활 속에서도 어린 양 예수님과 함께 승리의 영광을 누릴 수 있을까? 14절은 명쾌한 답을 알려 준다. 첫째, 예수님과 함께 있는 자는 승리한다. 둘째, 예수님을 신실하게 따르면 승리한다. 승리의 비결은 나에게 있지 않고, 예수님께 있기 때문이다.

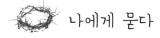 나에게 묻다

마지막 때에 사람들에게 나타나는 현상 중 하나는 '회개하지 않음'이다. 죄에 길들여져 죄가 죄인 줄 알지 못하고 하나님을 거역하고 대항하는 것이다. 성경은 이런 사람들은 심판을 받는다고 말한다.

죄와 회개의 문제에서 완전하게 자유로운 성도는 없을 것이다. 우리는 불완전한 존재이기 때문이다. 그렇다면 우리는 죄의 문제에서 어떻게 승리할 수 있는가? 우리는 자신이 지은 죄에 집중하여 스스로를 바라보는 것이 아니라 어린 양이신 예수님을 바라봐야 한다. 그분의 보혈로 날마다 죄 사함을 받는 것만이 유일한 방법이다. 나를 바라보고 있으면 죄책감이 커지지만 예수님을 바라보면 자유함이 커진다.

"당신은 누구를 바라보고 있습니까?"

21 이에 한 힘 센 천사가 큰 맷돌 같은 돌을 들어 바다에 던져 이르되

큰 성 바벨론이 이같이 비참하게 던져져

결코 다시 보이지 아니하리로다

22 또 거문고 타는 자와 풍류하는 자와

퉁소 부는 자와 나팔 부는 자들의 소리가

결코 다시 네 안에서 들리지 아니하고 어떠한 세공업자든지

결코 다시 네 안에서 보이지 아니하고

또 맷돌 소리가 결코 다시 네 안에서 들리지 아니하고

23 등불 빛이 결코 다시 네 안에서 비치지 아니하고

신랑과 신부의 음성이 결코 다시 네 안에서 들리지 아니하리로다

너의 상인들은 땅의 왕족들이라 네 복술로 말미암아 만국이 미혹되었도다

24 선지자들과 성도들과 및 땅 위에서 죽임을 당한 모든 자의 피가

그 성 중에서 발견되었느니라 하더라

21
CHAPTER

하나님 나라 독수리

중국 톈진(天津)항에서 발생한 휘발유 저장 창고 폭발 사고는 21세기 첨단과학의 무기력과 무상함을 실감나게 했다. 이런 대형 사고는 앞으로도 비일비재할 것이다. 우리가 누리고 있는 최첨단 과학 문명이 재앙의 화근이 될 수 있다는 경종이다.

인류 역사 속에는 하나님의 심판 경고에 해당하는 대참사가 수없이 반복되어 왔다. 고대 로마제국에서 가장 화려했던 도시 폼페이는 단 하루만에 영원히 사라져 버렸다. AD 79년 베수비오 화산 폭발로 한순간에 일어난 일이다. 하나님의 심판도 이처럼 한순간에 일어난다. 어쩌면 이 땅에서 일어나는 대참사들은 인류 최후의 심판에 대한 예고편이라고 할 수도 있다.

이미 살펴본 대로 요한계시록 17장의 주제 역시 세상의 종말심판이다.

세상이 아무리 발버둥을 치고, 모든 나라가 힘을 합세하여 하나님을 대항한다 해도 하나님의 엄중한 심판을 막아내지 못함을 강조한다. 이미 17장에서 심판의 종결을 간단하게 선포하고 있다. 계시록 17장의 핵심단어는 "다 끝났다(It is done)", 이 한 마디다. 하나님께서 입김을 한 번 부시면 세상 모든 것은 간단히 종결된다. 그 어떤 막강한 권력도, 힘의 연합도 끝나고 만다.

최후 심판의 특징

요한계시록 18장에서는 최후 심판의 특성을 아주 간단명료하게 정리해준다. 그 특성은 세 가지다. 첫째, 순간성이다(17,19절). 아무리 큰 권력층과 어마어마한 부호라고 해도 한순간에 사라져 버린다. 둘째, 완전성이다(21절). 하나님이 심판하시면 다시는 회복되지 못한다. 다시는 일어서지 못한다. 셋째, 허무성이다(22-24절). 인간의 모든 전성시대가 허망하게 끝나고 만다. 마치 화려하게 잘 만들어진 모델하우스 가건물이 허망하게 철거되는 것과 비슷하다. 이 세상의 모든 것은 한순간에 무너져 내리는 가건물에 불과하다.

이와 같은 순간적이고 완전하고 허무한 최후 심판을 진행하러 내려오는 천사의 모습이 굉장히 위압적이다.

> 이 일 후에 다른 천사가 하늘에서 내려 오는 것을 보니 큰 권세를 가졌는데
>
> 그의 영광으로 땅이 환하여지더라 (요한계시록 18:1)

하늘에서 내려오고, 큰 권세를 가졌으며, 영광스런 모습을 띤다. 그 영광이 얼마나 찬란하게 빛나는지 땅이 환해질 정도다. 이것은 예수님께서 탄생하시던 날 밤 천사가 등장할 때의 광경과 똑같다.

> 주의 사자가 곁에 서고 주의 영광이 그들을 두루 비추매 크게 무서워하는지
>
> 라 (누가복음 2:9)

이처럼 최후 심판이 세상에게는 종말을 의미하지만, 하나님의 백성에게는 새로운 미래를 가져다준다는 축복의 메시지다. 세상은 어둠으로 떨어지고 하나님의 백성에게는 환하게 빛나는 새로운 세상이 주어진다.

그래서 하늘의 천사는 성도들을 세상 심판으로부터 보호해 주려고 큰 음성으로 외친다.

> 또 내가 들으니 하늘로부터 다른 음성이 나서 이르되 내 백성아, 거기서 나
>
> 와 그의 죄에 참여하지 말고 그가 받을 재앙들을 받지 말라 (요한계시록 18:4)

최후 심판 때 세상은 심판과 멸망으로 떨어지지만, 우리는 그것으로부터 탈출하게 된다. 우리는 예수 그리스도의 십자가 보혈의 은총으로 심판

에서 구원으로 옮겨진 자들이기 때문이다. 우리가 예수님을 주님으로 모시고, 세상 죄악의 물결에 휩쓸리지 않고 살면, 즉 선민의식을 가지고 살면, 우리는 결코 멸망하지 않는다. 오히려 하나님 나라에서 찬란한 영광을 누리며 살게 된다.

전적으로 부패한 세상

이처럼 처참한 최후 심판과 몰락이 올 수밖에 없는 것은, 세상이 인간의 죄로 인해 전적으로 부패했기 때문이다. 장로교 신조인 칼빈주의 교리를 따르자면, 세상은 전적으로 부패한 것(total depravity)이다.

구약 시대의 예레미야 선지자는 이렇게 단언한다.

만물보다 거짓되고 심히 부패한 것은 마음이라 누가 능히 이를 알리요마는

(예레미야 17:9)

18장에서는 인간 세상의 전적부패 네 가지 현상을 구체적으로 이야기하며 적나라하게 고발한다. 그것은 바로 '영적 부패, 경제적 부패, 정치적 부패, 사회적 부패'다. 인간이 타락하고 부패할수록 인간은 기준점 없이 살아간다. 이것이 바로 '포스트모더니즘'이다. 절대적인 윤리나 기준은 이미 없어져 버렸다. 또한 황금만능주의의 영향으로 경제적 부패가 동반한다.

사치와 허영에 빠져 사는 사람들은 내면을 가꾸기보다 귀금속과 값비싼 의류, 고급가구와 호화로운 장식으로 겉치레에만 몰두한다. 지나친 외모지상주의를 추구하며 살아간다. 돈을 생산적으로 사용하기보다 소모적으로 쓴다. 한마디로 허비인생을 산다.

이러한 현상 때문에 세상에서는 갈수록 향락사업이 번창한다. 그럼에도 불구하고 사람들은 만족할 줄 모른다. 구약성경 미가서 6장 14절은 이렇게 예언한다.

네가 먹어도 배부르지 못하고 항상 속이 빌 것이며 네가 감추어도 보존되지 못하겠고 보존된 것은 내가 칼에 붙일 것이며 (미가 6:14)

빌립보서 3장 19절은 돌직구의 메시지로 경고한다.

그들의 마침은 멸망이요 그들의 신은 배요 그 영광은 그들의 부끄러움에 있고 땅의 일을 생각하는 자라 (빌립보서 3:19)

그런데 안타까운 것은, 이처럼 전적으로 부패하고 타락한 인간들은 최후 종말심판에 대해서 무감각하다. 세상은 죄로 부패하면서도 심판에 대해서는 감각이 없어진다. 홍수의 심판을 받았던 노아 시대와 비슷하다. 심판에 대한 감각이 없으니 아무런 위기의식 없이 재산 증식에만 정신을 쏟는다. 이 시대를 살아가고 있는 전 세계인의 관심사가 무엇인가? 오직

'경제', 오직 '돈'이다. 돈 때문에 사람을 상품화시키고 사람을 비인격적으로 대우한다.

> 그 상품은 금과 은과 보석과 진주와 세마포와 자주 옷감과 비단과 붉은 옷
> 감이요 각종 향목과 각종 상아 그릇이요 값진 나무와 구리와 철과 대리석으
> 로 만든 각종 그릇이요 계피와 향료와 향과 향유와 유향과 포도주와 감람유
> 와 고운 밀가루와 밀이요 소와 양과 말과 수레와 종들과 사람의 영혼들이라
>
> (요한계시록 18:12-13)

이것이 악질 자본주의가 가져오는 비인간화, 인간의 부품화 현상이다. 현대적인 용어로 '인권 유린', '인간의 상품화'다. 하나님은 세상의 이런 부패와 타락을 더 이상 묵인하거나 방관하실 수가 없어서 세상을 완전히 심판하고 정리하신다. 그리고 그 심판의 철저함을 이렇게 예고한다.

> 티끌을 자기 머리에 뿌리고 울며 애통하여 외쳐 이르되 화 있도다 화 있도
> 다 이 큰 성이여 바다에서 배 부리는 모든 자들이 너의 보배로운 상품으로
> 치부하였더니 한 시간에 망하였도다 하늘과 성도들과 사도들과 선지자들아,
> 그로 말미암아 즐거워하라 하나님이 너희를 위하여 그에게 심판을 행하셨음
> 이라 하더라 이에 한 힘 센 천사가 큰 맷돌 같은 돌을 들어 바다에 던져 이
> 르되 큰 성 바벨론이 이같이 비참하게 던져져 결코 다시 보이지 아니하리로
> 다 또 거문고 타는 자와 풍류하는 자와 퉁소 부는 자와 나팔 부는 자들의 소

리가 결코 다시 네 안에서 들리지 아니하고 어떠한 세공업자든지 결코 다시

네 안에서 보이지 아니하고 또 맷돌 소리가 결코 다시 네 안에서 들리지 아

니하고 등불 빛이 결코 다시 네 안에서 비치지 아니하고 신랑과 신부의 음

성이 결코 다시 네 안에서 들리지 아니하리로다 너의 상인들은 땅의 왕족들

이라 네 복술로 말미암아 만국이 미혹되었도다 (요한계시록 18:19-23)

모든 향락 문화가 끝난다. 그 어떤 음악소리도 다시는 들리지 않게 심
판하신다. 그러면서 심판의 천사는 더욱 큰 소리로 외친다.

하늘과 성도들과 사도들과 선지자들아, 그로 말미암아 즐거워하라 하나님이

너희를 위하여 그에게 심판을 행하셨음이라 하더라 (요한계시록 18:20)

이 타락한 세상에서 그리스도인으로 사는 것이 얼마나 힘든가? 그래서
주님께서 믿는 자들이 성결하게 살 수 있는 환경을 만들어 주시려고 더러
운 세상을 청소하신다는 것이 최후 심판의 핵심이다. 믿는 자들을 위한 새
로운 나라를 이루시려고 부패한 세상을 청소하시는 것이다.

그런 점에서 세상 최후 심판이야말로 하나님의 백성들에게 새로운 미래
를 가져다주는 축복의 새 출발이다. 타락한 세상의 근본을 깨끗이 청소해
주시기 때문에 우리는 새로운 세상, 곧 하나님이 새롭게 이루시는 새 하늘
과 새 땅에서 새로운 삶을 살 수 있다.

이것이 세상 최후 심판의 축복이다. 우리에게 새 하늘과 새 땅의 새로운

미래를 열어 주시는 것이다. 그 찬란한 광경은 19장에서 화려하게 설명된다. 18장은 지상의 최후심판을 설명하는 반면, 19장은 천상의 할렐루야 축제를 실감나게 설명하고 있다. 우리는 하늘나라의 영광을 누리며 살아갈 주인공들이다. 더 이상은 죄와 상관없이 살게 된다. 얼마나 놀라운 축복인가!

인간의 세상은 세 단계로 전개된다. 인류의 첫 출발인 에덴동산은 죄를 안 지을 수 있는 세상이었다. 그러나 인간이 타락한 후로 죄를 안 지을 수가 없는 세상이 되었다. 그런데 예수님께서 오셔서 깨끗하게 청소해 주시면 죄를 지을 수 없는 하나님 나라, 온전한 회복이 이루어진 새 창조, 새 나라가 된다. 이것이 우리에게 주시는 하나님의 선물이다.

그러므로 우리는 요지경 같은 세상 속에서도 선민의식을 가지고 살아야한다. 요한계시록에서 일관되게 강조하는 메시지가 바로 이것이다. 우리는 하나님께 선택받은 자들로서 미래의 승리가 확보된 사람들이다. '나이키 신앙'으로 살아가야 할 주인공들이다.

독수리 새끼를 병아리 틈에서 키우면 자신이 병아리인 줄 착각하며 비좁은 닭장 속에서 바둥거리며 살아간다. 그러다가 어느 날 하늘을 날던 어미 독수리가 나타나면 새끼 독수리는 본능적으로 자신이 독수리임을 알게 된다. 새끼 독수리는 순식간에 날개를 펴고 하늘로 올라간다. 본래가 독수리이기 때문이다.

우리도 우리의 본 모습에 눈을 떠야 한다. 우리는 이 세상에 살고 있으나, 이 세상에 속한 자가 아니다. 우리는 하늘에 속한 자다. 어거스틴은

228

다음과 같은 멋진 문장으로 우리의 정체성을 확립해 준다.

We are in the world, but not of the world.

(우리는 세상에 살고 있으나, 세상에 속한 자가 아닙니다.)

세상 유행과 풍조에 휩쓸려 살지 말고, 하나님의 자녀답게 선민의식을 가지고 살아가야 한다. 당신은 하나님 나라의 독수리다.

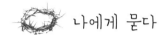 나에게 묻다

인간이 타락하고 부패할수록 인간은 기준점 없이 살아간다. 이것이 바로 '포스트모더니즘'이다. 절대적인 윤리나 기준은 이미 없어져 버렸다. 또한 황금만능주의 영향으로 경제적 부패가 동반한다. 사치와 허영에 빠져 사는 사람들은 내면을 가꾸기보다 귀금속과 값비싼 의류, 고급가구와 호화로운 장식으로 겉치레에만 몰두한다. 한마디로 허비인생을 산다.

하지만 우리는 이러한 세상 유행과 풍조에 휩쓸려 살지 말아야 한다. 하나님의 자녀라는 것을 기억하며 선민의식을 가지고 살아가기로 다짐하자.

"당신의 소비 생활에서 가장 많은 부분을 차지하는 영역은 무엇입니까?"

1 이 일 후에 내가 들으니

하늘에 허다한 무리의 큰 음성 같은 것이 있어 이르되

할렐루야 구원과 영광과 능력이 우리 하나님께 있도다

2 그의 심판은 참되고 의로운지라

음행으로 땅을 더럽게 한 큰 음녀를 심판하사

자기 종들의 피를 그 음녀의 손에 갚으셨도다 하고

3 두 번째로 할렐루야 하니 그 연기가 세세토록 올라가더라

4 또 이십사 장로와 네 생물이 엎드려

보좌에 앉으신 하나님께 경배하여 이르되 아멘 할렐루야 하니

5 보좌에서 음성이 나서 이르시되

하나님의 종들 곧 그를 경외하는 너희들아

작은 자나 큰 자나 다 우리 하나님께 찬송하라 하더라

22
CHAPTER

하늘나라 파티에 초대받는 행복

어떤 권사님이 노환으로 병상 생활을 하셨다. 오랜 병수발에 지친 며느리가 시어머니에게 이렇게 말했다. "어머니, 이제 그만 가세요. 천국은 아버님도 계시고, 먼저 가신 권사님들도 계세요. 또 눈물도 없고, 고통도 없는 좋은 곳이에요. 그리고 무엇보다 주님이 기다리고 계신 곳이잖아요." 그러자 사경을 헤매고 있던 어머니가 이렇게 대답하셨다. "그렇게 좋은 곳에 나만 가기가 미안하니 같이 가자." 뜻밖의 대답에 당황한 며느리가 둘러대며 말했다. "학교 다니는 애들 키워 놓고 저는 그때 갈게요." 그러자 시어머니 권사님은 한술 더 떠서 이렇게 말씀하셨다. "그러면 그때 다 같이 가자." 이런 묘한 제안에 당신은 어떤 대답을 하겠는가?

지상심판의 대참사를 생생하게 설명한 18장에 이어진 19장은 천상축제의 대향연을 시각적으로 실감나게 설명한다. '지상심판의 대참사와 천상

축제의 대향연', 얼마나 멋진 대칭인가?

사도 요한은 매우 장엄한 하늘나라 파티의 노랫소리를 듣는다. 무척 많은 사람이 큰 함성으로 노래하는 소리다. 장엄한 '할렐루야' 코러스다. '할렐루야'는 '하나님을 찬양한다'는 뜻인데, 19장 안에서 총 네 번에 걸쳐 반복된다(1,3,4,6절).

그런데 재미있는 것은 '할렐루야'라는 찬송 언어는 신약성경에서 이곳에만 등장한다는 것이다. 구약 성경에는 시편 여러 곳에서 나타나지만, 신약 성경에서는 계시록 19장에서만 유일하게 나타나는 표현이다.

예수님께서 이 세상을 심판하시고 우리를 위해 그 영광스럽고 찬란한 나라를 선물하시면서 그 잔치에 초대하시는 마지막 정점에 와서야 '할렐루야'라는 장엄한 코러스가 시작된다. 이 세상에서 많은 어려움과 환난을 겪으면서도 신앙을 지킨 성도들이 예수님과 함께 승리의 합창을 부르는 할렐루야 축제다. '할렐루야'는 영광의 찬양이다. 승리의 노래다. 행복의 탄성이다.

과분한 축복

어떤 사람이 사업에 성공하여 레포츠로 승마를 즐기게 되었다. 그는 신앙이 좋은 사람답게 말을 훈련시킬 때도 영적인 언어를 사용했다. '멈춰' 대신 '아멘'이라고 말하면 서도록 했다. 그리고 '출발' 대신 '할렐루야'라고 말하면 달리도록 했다.

어느 날 말과 함께 광활한 초원에서 신나게 달렸다. 정신없이 달리다 보니 천 길 낭떠러지 앞까지 와 있는 것이다. 한 발짝만 더 나가도 천 길 벼랑으로 떨어질 위기일발의 상황이었다. 마음이 급하다 보니 자신이 말을 신앙적으로 훈련시킨 것을 잊어버리고 멈추라고만 소리를 질렀다. 그러나 말은 그 용어를 알아듣지 못했다. 아슬아슬한 위기의 순간에 그는 신앙적 용어가 떠올라 말을 향해 "아멘"이라고 외쳤다. 그러자 말은 곧바로 멈춰 섰다. 아슬아슬하게 낭떠러지 앞에서 멈춘 그는 이 모든 상황이 너무나 기뻐서 "할렐루야"라고 외쳤다.

우리가 언제 들어도 감동이 넘치는 찬양이 있다면 헨델의 '메시아'다. 그는 독일의 작곡가로서 영국과 이태리에서 많은 활동을 했다. 그는 오페라 작곡가로 큰 명성을 얻었다. 그러나 그는 '메시아'라는 찬양을 작곡하면서 오페라를 버리고, 오라토리오를 선택했다. 오페라는 화려한 무대 장식이 이루어진 상태에서 가수들이 노래하는 것이라면, 오라토리오는 그 어떤 무대 장치 없이 가수가 순수하게 노래하는 양식이다.

헨델은 신앙이 좋은 그의 친구, 찰스 제넌스(Charles Jennens)가 수집한 성구들을 동원하여 '메시아'를 작곡했다. 1부는 예수님의 탄생, 2부는 예수님의 수난과 속죄, 그리고 3부는 예수님의 부활과 영원한 생명이다. 이 대곡을 24일 만에 완성했다. 연주 시간이 장장 2시간에 달하는 대곡을 그처럼 빨리 작곡할 수 있었던 것은 성령의 감동이 넘쳤기 때문이다.

많은 한국교회가 이 곡을 크리스마스에 자주 부르지만, 원래 이 곡의 할렐루야 코러스 절정은 예수님의 부활 승리에 관한 감격의 탄성이다. 그리고 이것은 요한계시록 19장을 기초해서 만들었다. 예수 그리스도께서 승리와 영광으로 재림하시고, 승리의 왕이 되셔서 이 땅을 통치하신다는 환희의 찬양이다.

놀랍게도 우리는 하나님께서 완성해 주시는 새 하늘과 새 땅의 할렐루야 파티에 이미 초대받았다는 사실이다. 얼마나 과분한 축복인가? 얼마나 행복한 은총인가?

우리는 기뻐할 수 있다

우리는 하늘나라 파티에서 어떤 내용의 할렐루야 찬양을 부르게 될까? 19장 전반부에서는 네 가지 중요한 내용을 정리해 준다.

첫째, 구원의 은총을 찬양한다(1절).

> 이 일 후에 내가 들으니 하늘에 허다한 무리의 큰 음성 같은 것이 있어 이르
> 되 할렐루야 구원과 영광과 능력이 우리 하나님께 있도다 (요한계시록 19:1)

허다한 사람들의 큰 음성은 무슨 말로 시작하는가? 바로 '구원'이다. 구원의 은총을 목청 높여 찬양한다. 우리가 예수님의 십자가 보혈로 죄 사함을 받고 구원받은 것은 너무나 황홀한 은혜다.

둘째, 승리의 은총을 찬양한다(2-5절). 우리가 사탄과 세상을 이긴 것이 아니라, 하나님께서 사탄과 세상을 심판하셨기 때문에 우리도 승리자가 된다. 하나님께서 성도들의 억울함을 다 갚아 주신다.

셋째, 영광의 은총을 찬양한다(6-8절). 본질상 전적으로 부패한 죄인인 우리가 하나님 나라의 영광에 참여하게 된다. 이것은 오직 하나님의 은혜로 가능한 일이다. 그래서 7절에서는 황홀한 노래로 찬양한다.

> 우리가 즐거워하고 크게 기뻐하며 그에게 영광을 돌리세 어린 양의 혼인 기
>
> 약이 이르렀고 그의 아내가 자신을 준비하였으므로 (요한계시록 19:7)

넷째, 행복의 은총을 찬양한다(9-10절). 우리는 하나님 나라 잔치에 초대받은 사람들이다. 특히 신랑 되신 어린 양 예수님의 결혼 파티에 초청을 받은 것이다. 이 세상에서 가장 행복한 잔치는 결혼잔치일 것이다. 그런데 우리가 바로 그 잔치에 초대받은 것이다. 그래서 '기뻐하고 즐거워하자'고 탄성한다.

우리에게는 이와 같은 놀라운 승리가 보장되어 있기 때문에 예수님은 일찍이 이런 희망을 갖게 하셨다.

> 나로 말미암아 너희를 욕하고 박해하고 거짓으로 너희를 거슬러 모든 악한 말
>
> 을 할 때에는 너희에게 복이 있나니 기뻐하고 즐거워하라 하늘에서 너희의 상
>
> 이 큼이라 너희 전에 있던 선지자들도 이같이 박해하였느니라 (마태복음 5:11~12)

아직도 어두운 과거에 묶여 있거나 지난날에 갇혀 있는 사람들이 있다. 이제는 툴툴 털고 일어설 때도 되었는데 여전히 상처를 안고 사는 사람들이 있다. 상처 없는 사람이 어디에 있는가? 오해받아 보지 않은 사람이 누가 있는가?

예수님은 우리에게 분명히 말씀하신다. "너희 상이 클 것이다." 하나님으로부터 상을 받을 우리는 이 세상에서 두 가지 자세로 살아야 한다.

하늘의 승리를 준비하며 살아야 한다

누가 과연 하늘나라 파티에 참여할 수 있을까? 본문 7절은 명확한 답을 주고 있다.

> ··· **자신을 준비한 자들입니다** (요한계시록 19:7, 메시지 성경)

결혼식에서 신랑을 맞이하려고 신부가 자신의 몸을 단장하며 준비하는 것과 같은 자세다.

예수님은 마태복음 25장에서 우리가 어떻게 준비된 삶을 살아야 할지 열 처녀 비유를 통해 가르쳐 주신다. 언제나 준비자의 마음가짐으로 살아가기를 바란다.

하늘의 승리를 기뻐하며 살아야 한다

계시록 19장의 중심단어는 '기뻐하라. 즐거워하라'다. 우리는 미래승리가 보장된 자들이기 때문에 이 땅에서부터 기쁘고 즐겁게 살라는 것이다. 우리는 이미 이겨 놓은 게임을 즐기는 자들이다.

'기뻐하라'는 단어가 헬라어로 '카이로'인데, 이 단어는 '카리스'(은혜)라는 말과 어원이 같다. 우리가 하나님 나라의 행복을 누리게 되는 것은 오직 은혜이기 때문에 기뻐하라는 것이다.

그러면 예수님께서 과연 어떤 신분으로 오시기에 우리가 기뻐하고 즐거워하게 되는가? 우리를 하늘나라 파티로 초청하시는 예수님은 어떤 신분으로 등장하는가? 이것이 계시록 19장의 다음 파노라마다. 11절부터 또 하나의 대단원이 진행된다.

그분은 만왕의 왕으로 이 세상에 오신다. 우리를 초대하시는 그분은 만왕의 왕이시다. 만왕의 왕으로 오시는 예수님의 파티에 초대받았음을 기억하며 즐겁게 살자.

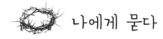 나에게 묻다

요한계시록 19장의 중심 단어는 '기뻐하라. 즐거워하라'다. 우리는 미래승리가
보장된 사람들이기 때문에 이 땅에서부터 기쁘고 즐겁게 살아야 한다.
그런데 이미 약속된 하늘의 승리를 잊고 이 땅의 어둠과 문제에 묶힌 채 살아가
는 사람들이 있다. 지난날의 상처와 고통에 잠겨 있는 사람들이 있다.
우리는 이미 이긴 게임을 즐기는 사람들이라는 것을 기억하자. 우리는 하나님
나라의 행복을 누리는 은혜를 받은 사람들이다.

"주 안에서 마냥 기뻐하고 즐거워해 본 경험이 있습니까?"

11 또 내가 하늘이 열린 것을 보니
보라 백마와 그것을 탄 자가 있으니 그 이름은 충신과 진실이라
그가 공의로 심판하며 싸우더라
12 그 눈은 불꽃 같고 그 머리에는 많은 관들이 있고
또 이름 쓴 것 하나가 있으니 자기밖에 아는 자가 없고
13 또 그가 피 뿌린 옷을 입었는데
그 이름은 하나님의 말씀이라 칭하더라
14 하늘에 있는 군대들이 희고 깨끗한 세마포 옷을 입고
백마를 타고 그를 따르더라

23
CHAPTER

만왕의 왕
예수

전체 분량이 260장인 신약성경은 예수님의 재림을 318회나 반복해서 강조한다. 예수님은 약속대로 반드시 오신다. 특별히 예수님은 만왕의 왕, 만주의 주님으로 백마를 타고 오신다.

예수님께서 백마를 타고 오신다는 상징적인 표현은 당시 로마 사람들이 쉽게 이해할 수 있는 묘사였다. 로마 장군들이 전쟁에 나갔다가 승리하면 백마를 타고 돌아왔다. 그래서 전쟁의 승패 여부에 초미의 관심을 기울이고 있던 사람들은 멀리 백마의 모습만 보아도 개선을 확인할 수 있었다. 그래서 이 표현은 예수님을 믿지 않는 사람들에게도 그 의미가 전달되는 시각적인 언어였다.

이처럼 예수님은 영광스런 승리자로 재림하신다. 그래서 우리도 예수님과 함께 공동 승리자가 된다. 우리는 예수님과 함께 승리의 노래를 부르게 된다(17:14). 예수 그리스도의 재림은 역사상 최대의 사건이 될 것이다.

빌리 그래함 목사님이 어떤 기자로부터 이런 질문을 받았다. "당신은 금세기 역사에서 어떤 사건이 가장 위대한 사건이 될 것이라고 생각하십니까?" 빌리 그래함은 단도직입적으로 이렇게 대답했다. "예수 그리스도의 재림이야말로 최후의 뉴스, 최대의 뉴스가 될 것입니다."

요한계시록은 종말과 재림의 환상을 입체적으로 기록하고 있다. 19장 전반부에서는 사도 요한이 천국에서 천사들이 부르는 할렐루야 코러스를 생생하게 듣고(1,6절), 후반부에서는 예수님께서 하늘과 땅을 통치하시는 찬란한 영광을 선명하게 본다. 그 모습이 얼마나 뚜렷한지 그는 세 번씩이나 강조한다.

또 내가 하늘이 열린 것을 보니… (요한계시록 19:11)

또 내가 보니… (요한계시록 19:17)

또 내가 보매… (요한계시록 19:19)

그가 보는 하늘의 광경은 굉장하다. 계시록 4장에서는 '하늘 문이 열려 있는 것'을 보았다. 그런데 19장에서는 '하늘이 활짝 열려 있는 것'을 본다. 4장에서는 하늘의 쪽문이 열려 있는 것을 보았다면, 이제는 하늘 자체가 활짝 열려 있는 것을 본다. 그동안은 문 밖에서 천국을 구경했으나 이제는 천국 안으로 들어와 보게 된 것이다.

이처럼 인간의 죄는 하나님께 나아가는 문을 닫아 놓았으나, 예수님의 십자가 은혜는 하늘 문을 활짝 열어 준다. 예수님은 우리에게 하늘을 열어 주는 자로 오신 것이다. 예수님은 우리에게 문을 열어 주신다. 구원의 문, 전도의 문, 축복의 문, 은혜의 문, 기도응답의 문, 진로의 문, 기적의 문을 활짝 열어 주신다. 문을 열어 주시는 만왕의 왕 예수님은 우리에게 새로운 미래 축복을 보장해 주신다.

예수님은 모든 진실을 밝혀 주신다

사도 요한은 외로운 유배지 밧모섬의 어두운 감옥에서 놀라운 광경을 본다. 백마 타고 오시는 예수님에게 '충신과 진실', 즉 '신실과 진실'이라는 이름이 적혀 있는 것을 본다. 그것은 곧 예수님께서 이 세상의 모든 것들을 있는 그대로 다 밝혀 주시는 분이라는 뜻이다.

주님은 우리가 이 세상에서 억울하게 고생한 것, 손해 본 것, 오해받은 것, 상처받은 것, 누명 쓴 것을 다 밝혀 주러 오신다. 우리의 진실함과 성실함을 백일천하에 드러내 주려고 오신다.

히브리서 4장 13절은 이렇게 경고한다.

지으신 것이 하나도 그 앞에 나타나지 않음이 없고 우리의 결산을 받으실
이의 눈 앞에 만물이 벌거벗은 것 같이 드러나느니라 (히브리서 4:13)

그러므로 우리는 진실하게 살아야 한다. 가식 없이 살아야 한다. 속이
지 말고 순수하게 살아야 한다. 모든 위선은 양파껍질처럼 벗겨질 것이고,
있는 그대로 적나라하게 드러날 것이다.

사업을 하는 집사님으로부터 무척 감동을 받았던 적이 있다. 그분이 하
셨던 한마디를 가슴에 품고 있다. 그분의 사업 성공의 비결은 이 한마디
다. "진실하면 통합니다."

'신실하다'는 의미를 가진 영어는 'sincere'이다. 이 말은 라틴어에서 유
래되었다. 옛날이나 지금이나 이탈리아는 대리석의 본고장이다. 대리석을
취급하다 보면 간혹 모양은 좋은데 약간 금이 간 것이 있다. 아무리 외형
이 좋아도 상품 가치가 떨어지는 것은 당연하다. 그래서 상인들은 상품에
문제가 있음에도 불구하고 값을 더 받기 위해 그 틈새에 양초를 녹여 발
랐다. 소비자를 속이는 것이다.

그런데 이런 문구를 써 놓은 가게가 있었다. 'sine + cere'. 우리 가게의
대리석은 초를 바르지 않는다는 뜻이다. 한마디로 '진짜'라는 것이다. 바
로 여기서 '신실한, 진실한'이라는 의미의 'sincere'이라는 단어가 만들어
졌다. '진실'이라는 말은 원래 '햇빛(sunlight)'이라는 단어에서 파생되었다고
한다. 옛날에는 가게 조명이 어두워서 물건의 가치를 알기 위해 물건을 밖
으로 가지고 나와 햇빛에 비춰 보고 확인했다. 즉 '진실하다'는 것은 있는

모습 그대로를 드러낸다는 뜻이다.

그러므로 진실하다는 것은 햇빛에 비췬 그리스도인이 되는 것이다. 어느 장소에 있게 되든지, 또는 누구와 함께 있든지 상관없이 한결같은 모습을 의미한다. 누군가가 이렇게 멋지게 표현했다.

'어둠 속에서도 빛 가운데 있는 것과 같으며 깊은 밤에도 한낮과 같으며 직장이나 학교에서도 주일 아침 교회에 있는 것과 같고 은밀한 공간에서도 공공장소에 있을 때와 같다.'

우리 모두 있는 모습 그대로 신실하게 살자. 속이지 말고 살자. 자연스럽게 살아가자.

예수님은 헌신한 만큼 상을 주신다

백마를 타고 오시는 예수님에게 또 다른 특징이 있다.

> 그 눈은 불꽃 같고 그 머리에는 많은 관들이 있고 또 이름 쓴 것 하나가
> 있으니 자기밖에 아는 자가 없고 (요한계시록 19:12)

머리에 많은 관(왕관)을 쓰고 나타나신다. 영어성경에서는 'many diadem crowns'라고 표현한다. 특별한 모습이 아닌가?

여기서 사용하는 왕관이라는 헬라어, 'Diadema'는 권력을 상징한다.

따라서 '많은 관(왕관)'이라는 표현은 그만큼 큰 권세를 가진 분이라는 것을 나타낸다. 그래서 16절에 이르러서는 '만왕의 왕, 만주의 주님(King of kings, Lord of lords)'이라고 힘차게 소개한다.

바로 그 예수님께서 큰 잔치를 베푸시며 우리를 그곳으로 초대해 주신다(17절). 만천하에 드러내 주면서 하늘나라 잔치로 초대해 주신다. 이 세상의 고난 가운데서도 굳건하게 믿음을 지킨 성도들을 하나님 나라의 천국잔치에 불러 주신다. 하늘나라의 파티에 초대받아 예수님을 따라 들어가는 당신의 모습을 상상해 보라. 얼마나 신나는 일인가?

이처럼 예수님이 재림하시는 날은 우리가 상 받는 날이다. 이 세상에서는 구경하지 못했던 화려하고 호화로운 축제가 펼쳐지는 날이다.

그런데 우리가 하늘의 찬란한 영광과 상급을 누리는 대신, 이 세상 사람들은 무서운 심판과 형벌을 받는다. 산 채로 지옥의 유황불 못에 던져진다(20절). 지옥이 왜 무섭고 끔찍한가? 한번 들어가면 절대 나올 수 없는 곳이기 때문이다. 영원한 형벌이기 때문이다. 그러므로 우리는 가족구원을 위해 눈물로 기도해야 한다. 어떤 대가를 지불해서라도 그들이 구원받도록 최선을 다해야 한다.

만왕의 왕이신 예수님은 우리에게 둘 중 한 분으로 오신다. 심판주로 오시든지, 구세주로 오신다. 예수님이 나에게 심판자이시거나 시상자이실 뿐이다. 중간은 없다. 나 같은 죄인에게도 하늘의 복을 주시고, 하늘의 영광스런 상을 주러 오시는 만왕의 왕, 만주의 주 예수님을 바라보며 살아가길 바란다.

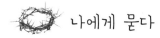 나에게 묻다

'진실하다'는 것은 있는 모습 그대로를 드러낸다는 뜻이다. 그러므로 '진실한 그리스도인'이란, 햇빛에 비췬 그리스도인이 되는 것이다. 아무것도 숨기지 않고 감추지 않고 살아가는 것을 의미한다.

마지막 날 영광스런 승리자로 재림하시는 예수님은 우리의 모든 모습을 밝히신다. 따라서 우리는 진실하게, 정직하게, 선하게 살아야 한다. 누구와 있든 무엇을 하든 하나님이 기뻐하시는 한결같은 모습을 지킬 수 있어야 한다. 하나님은 그런 '진실한 그리스도인'에게 하늘의 영광스런 상을 주신다.

"교회에 있을 때나 회사에 있을 때, 사람들과 함께 있을 때나 혼자 있을 때 나의 모습은 한결같습니까?"

12 또 내가 보니 죽은 자들이 큰 자나 작은 자나
그 보좌 앞에 서 있는데 책들이 펴 있고 또 다른 책이 펴졌으니
곧 생명책이라 죽은 자들이 자기 행위를 따라
책들에 기록된 대로 심판을 받으니
13 바다가 그 가운데에서 죽은 자들을 내주고
또 사망과 음부도 그 가운데에서 죽은 자들을 내주매
각 사람이 자기의 행위대로 심판을 받고
14 사망과 음부도 불못에 던져지니 이것은 둘째 사망 곧 불못이라
15 누구든지 생명책에 기록되지 못한 자는 불못에 던져지더라

24
CHAPTER

그리스도의
왕권으로

성경에는 간혹 정확한 의미를 파악하기 어려운 내용들이 있다. 소위 난해 구절이라고도 한다. 대표적인 것이 요한계시록 20장이다. 신학적으로 완벽하게 해석하기 어려운 주제를 다루고 있기 때문이다. 정확한 해석은 어렵지만, 한 가지는 분명하다. 우리에게 매우 현실적인 메시지를 준다는 것이다. 사실 내용을 살펴보면, 20장은 1장부터 19장까지의 요약이라고 할 수 있다.

예수님이 요한에게 계시록 20장을 기록하게 하신 이유는 두 가지다. 기독교 초기 성도들에게는 두 가지 궁금증이 있었다. 하나는, '예수님을 믿는다는 이유로 순교한 사람들의 운명은 어떻게 되나?'였고, 다른 하나는, '예수님을 믿는 사람들을 핍박하는 마귀의 운명은 어떻게 되나?'였다. 이런 질문에 대하여 예수님은 자신이 만왕의 왕으로 오셔서 세상을 심판하시고, 동시에 성도들을 축복하시는 미래 환상을 선명하게 보여 주신다. 그것이 20장의 내용이다. 요한은 믿음 때문에 고생하며 살다가 죽은 사람들의 미래, 또 우리를 끊임없이 괴롭히는 마귀의 미래를 선명하게 보았기 때문에 '내가 보니'라는 말을 반복하며 설명한다.

그가 본 환상의 핵심은 만왕의 왕으로 오시는 예수님께서 어떻게 하늘과 땅을 다스리시는가 하는 것이다. 요한은 만왕의 왕으로 오시는 예수님께서 하늘과 땅을 다스리시는 모습을 뚜렷하게 본다. 요한은 자신이 본 것을 이렇게 기록한다.

첫째, 예수님께서 '하늘에서 내려와' 사탄을 결박하는 환상을 본다(1절).

둘째, 예수님과 함께 왕 노릇하는 성도들의 모습을 본다(4절).

셋째, 예수님께서 크고 흰 보좌에 앉으셔서 세상을 심판하시는 환상을 본다(11-12절).

그런데 여기서 지금까지 한 번도 나타나지 않았던 표현이 등장한다. '천 년 동안 왕 노릇한다(4,6절)'이다. '천 년'이라는 말이 여섯 번이나 반복되기 때문에 '천 년 왕국'이라는 신학적 주제가 대두되었다. 그리고 기독교 역사 이래 지금까지 이것에 대한 신학적 논쟁은 계속되고 있다. 소위 후천년설, 전천년설, 무천년설, 최근에는 대안적 천년설까지 여러 가지 천년설이 거론되고 있다.

그런데 흥미롭게도 성경에는 '천 년 왕국'이라는 말 자체가 없다. '천 년 동안 왕 노릇하다'가 전부다. 성경에서 말하는 '천 년'은 상징적인 개념이다. 예수님의 초림부터 재림까지의 기간으로, 하나님께서 한 사람이라도 더 구원받게 하시려고 인간에게 최대한 기회를 주시는 긴 기간을 의미한 것이다. 그러니 '천 년'이라는 단어에 얽매일 필요가 없다. 중요한 것은 예수님께서 만왕의 왕으로 오신다는 것이다.

　이것이 20장의 중심 메시지다. 예수님의 초림과 재림 사이에 살고 있는 우리는 어떤 영적 생활을 하면 좋을까?

예수님과 함께 왕 노릇하며 살아가자(1-6절)

　예수님은 이 세상에 오시자마자 사탄을 완전히 패배시키셨다. 마태복음 4장과 누가복음 4장에서 볼 수 있듯이 사탄이 인류의 구원자로 오신 예수님을 유혹하며 시험할 때, 예수님은 기도와 성령으로 마귀를 참패시키셨다. 인류의 첫 조상 아담이 사탄에게 패배하여 불행이 시작되었기에, 둘째 아담으로 오신 예수님은 그 불행의 원인인 사탄을 결박하신 것이다. 말씀의 권능으로 사탄을 이긴 정도가 아니라 완전히 결박하셨다.

　사탄을 완전히 참패시키고 결박하신 예수님은 제자들에게도 놀라운 환상을 보여 주신다.

> **예수께서 이르시되 사탄이 하늘로부터 번개 같이 떨어지는 것을 내가 보았노라** (누가복음 10:18)

따라서 우리는 사탄을 무서워할 이유가 없다. 우리가 동물원 우리 안에 있는 사자를 여유롭게 볼 수 있는 이유와 같다. 사탄은 이미 결박당했기 때문이다.

> 또 내가 보매 천사가 무저갱의 열쇠와 큰 쇠사슬을 그의 손에 가지고 하늘
> 로부터 내려와서 용을 잡으니 곧 옛 뱀이요 마귀요 사탄이라 잡아서 천 년
> 동안 결박하여 (요한계시록 20:1-2)

예수님은 사탄을 완전히 무력화시키셨다. 말씀의 권능으로 사탄을 이기시고, 십자가 보혈의 능력으로 사탄을 완전히 결박하셨다(골로새서 2:15). 이것이 이 세상의 왕으로 오신 예수 그리스도의 권세다. 그리고 왕으로 오신 그분은 이미 11장에서 기록한 것과 같이 영원한 왕으로 이 땅을 통치하신다.

> 일곱째 천사가 나팔을 불매 하늘에 큰 음성들이 나서 이르되 세상 나라가
> 우리 주와 그의 그리스도의 나라가 되어 그가 세세토록 왕 노릇 하시리로다
> 하니 (요한계시록 11:15)

그런데 예수님은 우리에게도 마귀의 능력을 이길 영적 권세를 주셨다(누가복음 10:19). 더 나아가 예수님이 보내 주신 성령을 힘입어 우리가 왕 노릇 하며 살 수 있게 하셨다. 우리는 그동안 사탄 때문에 죄의 종이 되어 살았

다. 죄의 노예로 살기도 했다. 그러나 이제는 사탄의 종노릇으로부터 해방될 수 있다. 사도 바울은 우리가 예수 믿고 구원받은 축복을 '종 노릇에서 왕 노릇으로(갈라디아서 5:1)'라는 한마디로 압축하여 설명한다.

우리는 왕 노릇하는 그리스도인으로 살아가야 한다. 이것은 떵떵거리며 살라는 의미가 아니다. 섬기는 자세로 종노릇해야 하지만, 우리의 신분은 만왕의 왕이신 하나님의 자녀다. 그리스도의 왕권으로 살아갈 수 있는 자다. 따라서 우리는 왕의 자녀로서 'Kingdom Mentality'를 가지고 살아가야 한다. Kingdom Mentality를 가진 사람은, 모든 것을 하나님 나라의 관점으로 보며 살아간다. 그래서 세상을 다스리며 살아가고, 마귀를 정복하며 살아갈 수 있다.

그런데 사탄은 패배자가 되어서도 나쁜 본성을 버리지 못한다. 어떻게 해서든지 우리를 미혹하여 함께 망하기를 원한다. 자신은 이미 패배했고, 지옥에 떨어질 운명이기 때문에 혼자 지옥에 떨어지지 않으려고 우리를 미혹한다. 20장에서는 이점을 거듭 주지시킨다(3,8,10절).

끊임없이 유혹하는 사탄을 향해 우리는 어떻게 해야 할까? 첫째, 마귀에게 틈을 주지 말아야 한다(에베소서 4:27). 둘째, 마귀를 대적해야 한다(야고보서 4:7). 우리가 마귀를 대적하는 만큼 마귀는 우리를 피한다. 우리가 마귀의 유혹과 현혹에 강경할수록 마귀는 꼬리를 내린다. 예수님께서도 마귀가 시험할 때 "사탄아, 물러가라!"라고 단호하게 대적하셨다(마태복음 4:10).

우리는 때때로 우리 마음을 어둡게 하거나 불안하게 하는 마귀를 물리쳐야 한다. 마귀에게 기회를 주어서는 안 된다. 마귀가 틈을 노리고 있다고 생각되면, "떠날지어다!"라고 과감하게 선포하며 마귀를 내쫓아야 한다. 그래서 필요한 것이 선포기도다. 마귀를 꾸짖는 기도, 악한 생각을 추방하는 기도, 몸의 병이 낫고 마음의 치유를 선포하는 기도, 또는 성령님을 모시는 초청 기도, 축복을 선언하는 기도다.

성경에는 선포와 선언의 기도가 즐비하다. 모세, 사무엘, 엘리야, 엘리사, 이사야, 다윗, 다니엘, 에스겔, 요나, 베드로와 사도들, 그리고 바울은 예수님 이름의 권세를 활용하는 기도를 자주 드렸다. 누구보다도 예수님께서 기적을 일으키실 때마다 명령과 선포기도를 하셨다. 이것을 '왕의 기도'라고 표현하기도 한다. 우리는 왕의 자녀이기 때문이다. 이것은 우리에게 주어진 놀라운 영적 권세다.

예수님 안에서 영생의식으로 살아가자(7-15절)

요한계시록은 종말론적인 메시지다. 특히 마지막 부분에 도달할수록 인간과 세상의 종말 현상을 구체적으로 예언해 주고 있다.

예수님의 재림 직전에 사탄은 마지막으로 기승을 부릴 것이다. 문자 그대로 최후의 발악을 한다. 사탄은 한 사람이라도 더 지옥에 떨어지게 하려고 온 세상을 적극적으로 미혹하고 현혹한다. 그래서 사탄의 유혹에 넘어간 수많은 사람이 지옥의 유황 못에 던져지게 된다(10절).

이처럼 세상이 혼돈에 빠질 때, 예수님은 혜성같이 등장하신다. 세상의 타락과 멸망을 더 이상 방관하실 수 없기 때문이다. 예수님은 한 영혼이라도 더 구원하시려고 재림주로 오신다. 만왕의 왕이신 예수님께서 재림주로 오실 때의 광경은 매우 장엄하다. 하늘에서 불이 내려와 사탄의 세력을 태워 버린다(9절). 그리고 그들을 지옥 불에 던져 버린다(10절). 따라서 사탄과 그 졸개들은 한순간에 사라져 버리고 만다(11절). 그야말로 악의 세력이 완전히 사라지고 하나님의 나라가 완벽하게 이루어지는 것이다(14-15절). 작전 종료다.

바로 이때 세상 심판이 본격적으로 진행된다. 만왕의 왕이신 예수님은 두 종류의 책을 펼치고 심판을 진행하신다.

> 또 내가 보니 죽은 자들이 큰 자나 작은 자나 그 보좌 앞에 서 있는데 책들
> 이 펴 있고 또 다른 책이 펴졌으니 곧 생명책이라 죽은 자들이 자기 행위를
> 따라 책들에 기록된 대로 심판을 받으니 (요한계시록 20:12)

한 종류의 책은 양이 매우 많아서 '책들'이라고 표현한다. 이것은 인간이 행한 모든 죄에 대한 상세목록이다. 죄가 그만큼 많은 것이다. 사람은 누구를 막론하고 자신이 행한 죄에 따라 심판받는다(13절). 그런데 예수님의 손에 있는 또 하나의 책은 단수로 표현한다. 바로 '생명책'이다. 내용을 자세히 관찰해 보면, 심판의 책은 여러 권인데, 생명책은 단 한 권에 불과하다. 심판의 책은 그 분량이 엄청나게 많은데, 생명책은 내용이 단순하다. 이유는 간단하다. 예수 믿는 사람들은 이미 죄 사함을 받았기 때문에

생명책에는 죄의 기록이 없고, 구원받은 사람의 이름만 수록되어 있다. 심판책에는 사람들이 지은 죄행이 낱낱이 수록되어 있는 반면, 생명책에는 구원받은 사람의 명단만 기록되어 있다. 얼마나 다행인가? 이것은 놀라운 은혜다.

우리는 심판을 면제받은 사람들이다. 영생을 보장받은 사람들이다. 그러므로 우리는 사탄이 무엇을 가지고 공격하든 간에 왕 노릇을 할 근거가 있다. 이것이 영생의식이다. 예수님은 일찍이 요한복음 5장 24절에서 이렇게 선언해 주셨다.

내가 진실로 진실로 너희에게 이르노니 내 말을 듣고 또 나 보내신 이를 믿는 자는 영생을 얻었고 심판에 이르지 아니하나니 사망에서 생명으로 옮겼느니라 (요한복음 5:24)

우리는 예수님을 구주로 영접한 순간 영원한 생명을 얻는다. 우리가 죄가 없어서 지옥에 떨어지지 않는 것이 아니다. 죄를 사함받았기 때문에 천국에 들어가는 것이다. 우리는 예수님을 믿는 순간 심판을 면제받는다. 완전 사면을 받는 것이다. 때로 실수를 하고 여전히 부족한 것이 많아도 이 사실은 변함이 없다.

예수님은 요한복음에서 우리에게 이런 확신을 갖게 하신다.

예수께서 이르시되 나는 부활이요 생명이니 나를 믿는 자는 죽어도 살겠고

무릇 살아서 나를 믿는 자는 영원히 죽지 아니하리니 이것을 네가 믿느냐

(요한복음 11:25-26)

생명의 주이신 예수님을 믿는 우리는 죽어도 사는 자다. 그래서 우리는 죽음을 겁내지 말아야 한다. 죽는 즉시 천국 본점으로 가기 때문이다.

우리는 예수 그리스도의 왕권으로 사탄을 이기며 살아갈 수 있다. 날마다 승리하며 살아갈 수 있다. 예수 이름의 왕권으로 기적을 일으키고, 축복을 누리며 살아갈 수 있다. 우리가 매일의 삶 속에서 예수 그리스도의 왕권으로 사탄을 이기며 세상 속에서 승리하며 살아가기를 소망한다.

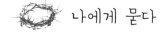 나에게 묻다

사탄은 두려워해야 할 대상이 아니다. 예수님은 이 세상에 오시자마자 사탄을 완전히 패배시키셨다. 이긴 정도가 아니라 완전히 결박하셨고, 우리에게도 마귀의 능력을 이길 영적 권세를 주셨다.

하지만 이것이 사탄이 아무 일도 하지 않는다는 것을 의미하지는 않는다. 사탄은 끊임없이 우리를 미혹하여 함께 망하기를 꾀한다. 그래서 우리는 사탄을 경계해야 한다. 담대하고 단호하게 대적해야 한다. 우리가 강하게 대응할수록 사탄은 힘을 잃는다는 것을 기억하며 왕의 기도를 드리자.

"당신이 물리쳐야 할 어둠과 불안은 무엇입니까?"

3 내가 들으니 보좌에서 큰 음성이 나서 이르되 보라
하나님의 장막이 사람들과 함께 있으매 하나님이 그들과 함께 계시리니
그들은 하나님의 백성이 되고 하나님은 친히 그들과 함께 계셔서
4 모든 눈물을 그 눈에서 닦아 주시니 다시는 사망이 없고
애통하는 것이나 곡하는 것이나 아픈 것이 다시 있지 아니하리니
처음 것들이 다 지나갔음이러라
5 보좌에 앉으신 이가 이르시되
보라 내가 만물을 새롭게 하노라 하시고
또 이르시되 이 말은 신실하고 참되니 기록하라 하시고
6 또 내게 말씀하시되 이루었도다 나는 알파와 오메가요
처음과 마지막이라 내가 생명수 샘물을 목마른 자에게 값없이 주리니
7 이기는 자는 이것들을 상속으로 받으리라
나는 그의 하나님이 되고 그는 내 아들이 되리라

25

새 창조
새 미래

인류 역사상 최고의 천재 과학자로 꼽히는 아인슈타인의 연구로, 기존의 '질량 보존의 법칙'이라는 용어가 '에너지 보존의 법칙'으로 새롭게 사용되었다. 과학에서는 이것을 '열역학 제1법칙'이라고 하며, 우주의 총 에너지의 양은 변하지 않는다는 이론이다.

그런데 또 하나의 과학적 발견이 있다. 바로 '열역학 제2법칙'이다. 우주 에너지의 총량은 변하지 않지만, 우주의 열에너지는 시간이 감에 따라 점점 식어가면서 효력이 떨어진다는 이론이다. 예를 들어서, 새로 구입한 자동차가 시간이 흐르면서 능률과 속도가 떨어지는 현상과 같은 것이다. 사람도 마찬가지다. 나이를 먹어 감에 따라 모든 기능이 점점 퇴보하고 퇴화되어 간다.

과학자들은 이런 과정을 '물질이 점점 무질서해진다'고 표현한다. 무질서해지기 때문에 점점 능률이 떨어지는 쪽으로 갈 수밖에 없다는 것이다. 그래서 자연계는 진화 대신 퇴화, 진보 대신 퇴보로 가고 있다. 그런데 이러한 자연환경의 퇴화와 퇴보에는 인간의 죄성이 한몫한다. 생태계를 파괴하고, 강물과 바다를 오염시키고, 북극과 남극의 빙하가 점점 녹아내리도록 지구의 기후 변화에 영향을 미치고 있다. 이러한 현상을 보았을 때, 지구의 미래와 인간의 앞날은 절망적이라고 할 수 있다. 게다가 나날이 발전하고 있는 첨단 과학이 인간과 인간이 사는 땅을 더 망가뜨리고 있다.

창조의 법칙으로 움직이는 나라

그러나 하나님의 나라는 다르다. 그곳은 창조의 법칙에 따라 움직인다. 하나님은 새로운 나라, 새로운 미래를 이루어 주신다. 그야말로 새 창조의 역사를 완성해 주시는 것이다. 이것이 기독교가 말하는 종말론이다. 기독교의 종말론은 완전히 파괴되어 없어지는 것이 아니라 더 나은 미래, 완전히 새로운 미래, 새 창조의 역사다. 그래서 우리에게 소망이 있는 것이다.

예수님께서 보여 주신 첫 번째 기적을 기억하는가? 예수님은 맹물이 포도주가 되는 새 창조를 이루셨다. 이것이 바로 하나님이 우리에게 이루시는 일이다. 사도 바울이 자신의 변화를 근거로 간증하듯이, 하나님은 우리를 새로운 피조물, 새로운 존재, 새로운 인생으로 만들어 주신다.

그런즉 누구든지 그리스도 안에 있으면 새로운 피조물이라 이전 것은 지나

갔으니 보라 새 것이 되었도다 (고린도후서 5:17)

새로운 미래를 완성하며 재림하신다.

또 내가 새 하늘과 새 땅을 보니 처음 하늘과 처음 땅이 없어졌고 바다도 다

시 있지 않더라 또 내가 보매 거룩한 성 새 예루살렘이 하나님께로부터 하

늘에서 내려오니 그 준비한 것이 신부가 남편을 위하여 단장한 것 같더라

(요한계시록 21:1-2)

그리고 모든 만물을 새롭게 할 것을 약속하신다.

보좌에 앉으신 이가 이르시되 보라 내가 만물을 새롭게 하노라 하시고 또

이르시되 이 말은 신실하고 참되니 기록하라 하시고 (요한계시록 21:5)

그러면 하나님은 우리를 위해 어떤 새 창조를 이루어 주실까?

새 미래를 완성해 주신다

예수님이 재림하시면 이 세상의 모든 문제는 다 끝이 난다. 모든 것이

해결된다. '완벽한 완성'이 이루어진다. 그래서 더 이상 죄의 후유증이 없게 된다.

> 모든 눈물을 그 눈에서 닦아 주시니 다시는 사망이 없고 애통하는 것이나
>
> 곡하는 것이나 아픈 것이 다시 있지 아니하리니 처음 것들이 다 지나갔음이
>
> 러라 (요한계시록 21:4)

아픔, 울음, 슬픔, 죽음이 없는 새로운 미래다. 소위 '4무의 축복'을 약속하신다. 모든 고난이 완벽하게 종결되는 은총, 이것이 바로 새 예루살렘의 축복이다. 그래서 이어지는 5절에서는 '모든 것을 새롭게 해 주시는 은혜'라고 선포하고, 6절에서는 '모든 것을 다 완성한다'고 선언한다. 완전무결한 새 창조의 미래이다.

5절과 6절에 나타난 '새롭게 한다'는 헬라어는 창조적인 의미를 가진 용어다. 성경에서는 '새롭다'는 단어가 두 가지 개념으로 사용된다. 시간적인 개념 '네오스(Neos)'와 질적인 개념 '카이노스(Kainos)'다. 요한계시록의 새롭다는 카이노스다. 이것은 재생이 아닌, 신생을 뜻한다. 개선이나 회복 수준이 아니라 근본적인 '새 창조'다. 물이 포도주가 되는 질적 변화, 죄인이 의인이 되고, 죽음이 생명이 되고, 시간이 영원이 되고, 저주가 축복이 되는 새 변화다. 그래서 '새 하늘과 새 땅'이라고 표현한다.

4절에서 선포한 대로 과거는 다 지나간다. 부끄러웠던 지난 삶은 다 사라진다. 그야말로 완전한 힐링이 이루어지는 미래다. 주께서 선포하신 미

래에는 우리를 아프게 하고 슬프게 하는 원인이 다 사라진다. 병의 근원이 뿌리 채 뽑히고, 아프지 않으니 약도, 수술도 필요 없다. 이혼이나 사별이나 그 어떤 이별도 없다. 그리고 무엇보다 죄성 자체가 완전히 사라져 버린다.

미국의 훌륭한 강해설교자 위어스비(W. W. Wiersbe)는 요한계시록 21-22장의 새 창조를 다음과 같이 일목요연하게 정리한다.

New heavens and earth(1절)	새 하늘과 새 땅
No more seas(1절)	바다가 없어짐
No more curse(3절)	저주도 없어짐
No more tears or pain(4절)	눈물과 고통도 없어짐
No more death(4절)	죽음도 없어짐
No need of the sun(23절)	태양도 필요 없게 됨
No night there(22:5)	밤도 없어짐
Man restored to paradise(22:14)	회복된 낙원에서 살게 됨

고통 속에 있는가? 아픔이나 슬픔 가운데 있는가? 주님께서 약속하신 새 미래에는 우리를 아프게 하고 불편하게 하는 모든 것이 사라진다. 이것이 바로 세상의 종말과 성경이 말하는 종말의 차이점이다. 세상의 종말은 멸망이지만, 성경이 말하는 종말은 새로운 미래, 새로운 축복, 새로운 영광의 나라가 우리에게 주어지는 것이다.

새 은혜로 함께해 주신다

인간이 죄를 짓자마자 나타난 가장 큰 비극은 하나님이 떠나신 것이다. 그리고 하나님께서 함께해 주지 않으심으로 이 땅에는 혼란과 무질서가 왔다. 마치 집안에 아버지가 안 계시면 형제들끼리 싸우고, 어른이 안 계시면 아이들이 무질서가 되는 것과도 같다. 하나님이 등을 돌리시니 사람들끼리 서로 미워하고 증오하며 다투게 됐다. 하나님이 사람과 함께해 주지 않으시니 살인 사건까지 일어나게 된 것이다. 하나님이 떠난 세상은 이렇게 한순간에 무질서가 됐다.

그런데 예수님께서 이 세상에 오시자 놀라운 축복이 도래했다. 하나님이 함께해 주시는 은혜가 임한 것이다. 그래서 예수님의 이름이 '임마누엘'이다. 하나님이 함께하신다는 뜻이다. 예수님은 하늘로 올라가시면서도 세상 끝날까지 우리와 함께하심을 약속하셨다.

이것이 3절에서 3번씩이나 강조하고 있는 하나님 나라의 새 축복, 하나님께서 함께해 주시는 새 은혜다.

> 내가 들으니 보좌에서 큰 음성이 나서 이르되 보라 하나님의 장막이 사람들과 함께 있으매 하나님이 그들과 함께 계시리니 그들은 하나님의 백성이 되고 하나님은 친히 그들과 함께 계셔서 (요한계시록 21:3)

하나님이 우리에게 다시 오셔서 우리와 함께하시는 것이 바로 새 미래의 은혜다. 하나님이 떠나신 세상은 실낙원이 되었지만, 하나님이 함께하시는 세상은 복낙원이 되는 것이다.

하나님이 먹지 말라고 하신 생명나무 열매를 탐하여 먹은 인간의 죄로 세상은 실낙원이 됐다. 하지만 예수님이 다시 오셔서 새 창조의 복낙원을 이루시자 이제는 우리를 생명수 강가로 초대하셔서 샘물을 무한정 마시게 해 주신다. 문자 그대로 오메가의 은혜, 완성된 은혜다(6절).

하나님이 우리에게 이런 놀라운 은혜를 베풀어 주시는 이유는 분명하다.

> 이기는 자는 이것들을 상속으로 받으리라 나는 그의 하나님이 되고 그는 내
>
> 아들이 되리라 (요한계시록 21:7)

이것은 이사야서 55장에서 장차 오실 메시아가 주시는 축복을 예언한 내용이다. 인간의 구원자이신 메시아 예수님이 완성해 주시는 새 나라, 새 왕국에서 하나님과 함께 영원한 축복을 누리며 사는 것이다.

그러므로 우리는 이 세상에서부터 하나님과 동행하며 사는 삶에 익숙해야 한다. 하나님과 함께 사는 삶을 훈련해야 한다. 하나님과 함께 사는 것이 어색하거나 불편하면 천국에 못 들어간다. 구약시대 에녹이라는 인물처럼 하나님과 동행하는 삶에 익숙해야 한다. 새 창조, 새 미래의 은혜를 기다리고 기대하면서….

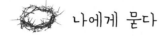 ## 나에게 묻다

이 땅에서 살면서 우리는 아픔과 슬픔을 겪는다. 때로는 병이 들고, 뜻하지 않은 사고로 사랑하는 사람을 잃기도 하고, 학업이나 사업에서 실패를 경험하기도 한다. 이러한 좌절이나 고통은 또 다른 새로운 일로 덮어지거나 씻긴다. 하지만 그것은 영원한 안전이나 영원한 생명과는 다르다.

전적인 변화, 완벽한 회복은 오직 하나님으로부터 온다. 그것은 잠깐의 위로나 개선이 아니다. 물이 포도주가 되는 질적 변화, 죄인이 의인이 되고, 죽음이 생명이 되고, 시간이 영원이 되고, 저주가 축복이 되는 새 변화다. 하나님은 우리에게 새 변화의 은혜를 베푸신다. 그리고 그것은 이 땅에서부터 하나님과 함께 살아가는 연습을 통해 시작된다.

"하나님과 매순간 함께하는 삶을 기대하고 있습니까?"

19 그 성의 성곽의 기초석은 각색 보석으로 꾸몄는데

첫째 기초석은 벽옥이요 둘째는 남보석이요

셋째는 옥수요 넷째는 녹보석이요

20 다섯째는 홍마노요 여섯째는 홍보석이요 일곱째는 황옥이요

여덟째는 녹옥이요 아홉째는 담황옥이요 열째는 비취옥이요

열한째는 청옥이요 열두째는 자수정이라

21 그 열두 문은 열두 진주니 각 문마다 한 개의 진주로 되어 있고

성의 길은 맑은 유리 같은 정금이더라

22 성 안에서 내가 성전을 보지 못하였으니

이는 주 하나님 곧 전능하신 이와 및 어린 양이 그 성전이심이라

23 그 성은 해나 달의 비침이 쓸 데 없으니

이는 하나님의 영광이 비치고 어린 양이 그 등불이 되심이라

26
CHAPTER

우리가 들어갈
영광의 천국

퀴즈를 하나 내겠다. 천국의 크기는 얼마일까? 힌트를 드리면, 예수님은 천국에 '맨션(mansion)'이 많다(요한복음 14:2, KJV)고 하셨다. 당시 로마 문화에서는 방이 수십 개 있는 주택을 맨션으로 여겼다. 그래서 초대교회 성도들은 예수님께서 언급하시는 천국이 얼마나 큰 장소인지 어느 정도 짐작할 수 있었다. 유럽에서는 방이 수십 개 있는 호텔 수준의 저택을 '맨션'이라고 부른다. 이런 문화적 배경으로 예수님께서는 유럽의 왕족이나 귀족들이 사는 대저택 같은 집을 우리에게 주겠다고 약속하신 것이다.

다시 퀴즈로 돌아오겠다. 천국의 크기는 과연 얼마나 될까? 본문 16절과 17절에서 자세하게 답하고 있다. 천국은 길이와 높이, 넓이가 같은 정사각형 입방체로 되어 있다. 로마 시대 단위로 가로 세로 높이가 각각 12,000 스다디온(약 2,400km)이다. 성벽의 두께는 144 규빗(약 65m)이다. 굉장한 규모다. 그야말로 난공불락의 도성이다.

그러나 이런 수치는 상징이다. 하나님께 선택받은 사람을 상징적으로 표현한 14만 4천명을 1/1,000로 축소한 것이다. 실제 크기로 환산하려면 사방 길이 2,400km에 1,000배를 해야 한다. 즉 240만km이다. 지구의 둘레가 대략 4만km 정도이니, 지구의 60배인 셈이다. 어느 학자가 계산해 보니 530억 인구가 쾌적하게 살 수 있을 정도의 공간이라고 한다. 물론 모든 수치가 상징적 개념이지만, 성경은 천국을 530억 인구가 쾌적하게 살 수 있는 성채 같은 저택으로 이루어진 거대한 왕국이라고 말한다.

그렇다면 이처럼 거대한 천국에서 믿는 자들이 받게 될 영광은 어떤 것일까?

구원을 받은 사람이라면 누구든지 천국에 갈 수 있다

성경은 천국을 실제적으로 묘사한다. 하늘의 거룩한 도성은 동서남북으로 각각 문이 세 개씩 있다.

동쪽에 세 문, 북쪽에 세 문, 남쪽에 세 문, 서쪽에 세 문이니 (요한계시록 21:13)

이것은 천국으로 들어가는 문이 활짝 열려 있다는 상징적 표현이다. 그것도 동서남북으로 넓게 열려 있다. 이것은 우주적 구원을 상징한다. 인종과 민족, 지역과 국가를 초월하여 누구든지 예수를 믿기만 하면 천국에 갈 수 있다. 이것은 요한계시록 4장 1절부터 지속적으로 강조하는 부분이기도 하다. 게다가 크고 높은 성곽으로 들어가는 길은 모두 대로요, 문도 모두 대문이다.

> 그 열두 문은 열두 진주니 각 문마다 한 개의 진주로 되어 있고 성의 길은
>
> 맑은 유리 같은 정금이더라 (요한계시록 21:21)

넓은 길과 대문을 통해 모든 인종과 민족, 나라와 백성들 중에서 수를 셀 수 없을 만큼 많은 사람들이 흰옷을 입고 천국으로 들어가게 된다(요한계시록 7:9).

요한계시록을 자세히 관찰하면 관찰할수록 천국은 구원받은 모든 사람에게 열려 있는 나라라는 것을 알 수 있다. 하나님께 선택받은 사람은 모두 구원을 받는다. 천국은 오직 은혜로 들어가는 나라이기 때문이다. 그래서 요한계시록의 결론인 21장에서도 '열두 문, 열두 천사, 열두 지파, 열두 개의 기초석, 열두 사도의 이름'을 거듭 강조한다. 다시 말해 구원받기로 예정된 사람은 모두 천국 백성이 되는 것이다. 구약과 신약은 이를 일관성 있게 강조하고 있다.

어느 나라 사람이든지, 어떤 직업을 가졌든지 상관없이 예수님을 믿기만 하면 구원받고, 천국에 간다. 그래서 우리는 땅끝까지 찾아가 복음을 전해야 한다. 이것이 우리에게 주어진 선교적 사명이다.

하나님은 오늘도 천국 문을 활짝 열어 놓고 모든 사람을 초청하고 계신다. 오늘밤 내 생명의 날이 끝난다고 해도, 구원받기로 선택된 자라면 분명히 천국에 들어갈 것이다. 천국은 하나님의 영광으로 가득 찬 나라다.

하나님의 영광으로 가득 찬 천국에서 영원히 살게 된다

성경은 천국의 신비한 광경을 이 땅의 인간이 이해할 수 있도록 사람들이 사용하는 언어로 서술한다. 그래서 계시록도 천국의 찬란한 모습을 조금이라도 인간이 실감할 수 있게 하려고 각종 보석의 이름을 나열하여 설명한다. 물론 천국은 우리가 사용하는 보석으로 장식된 나라는 아니다. 이것은 천국의 영광을 상징할 뿐이다. 특히 11절은 천국이 최고의 보석으로 화려하게 꾸며진 것처럼 아름다운 나라임을 단도직입적으로 설명한다.

하나님의 영광이 있어 그 성의 빛이 지극히 귀한 보석 같고 벽옥과 수정 같

이 맑더라 (요한계시록 21:11)

또 21절에서는 천국이 얼마나 화려한지 보여 준다. 아름답고 성결한 왕국이다.

유럽에는 거리마다 웅장한 대리석 건물이 많다. 거대한 기둥이 대리석 하나로 세워진 곳들도 있다. 현대의 중장비도 없던 시절에 지어졌다고 하기에는 신비에 가까운 예술 작품들이다.

그런데 천국은 성벽 높이 240만km, 두께 65m에 상응하는 대문이 진주 하나로 이루어져 있고, 그런 대문이 12개다. 게다가 도로들은 맑은 수정과 같은 순금으로 포장되어 있다(18-21절). 이보다 더 웅장하고 화려할 수 있겠는가?

이런 유머가 있다. 누가 이 세상에 있는 전 재산을 황금으로 바꾸어 천국에 가지고 갔다. 그랬더니 천사들이 웃으면서 이렇게 핀잔을 주었다. "당신은 왜 값싼 보도블록을 그렇게 힘들게 가져왔습니까?"

천국이 우리가 세상에서 사용하는 각종 보석으로 장식된 곳은 아니지만, 화려한 보석의 이름을 나열하며 설명할 만큼 찬란하게 빛나는 하나님의 영광으로 가득 차 있는 곳이다. 더 이상 해나 달이 빛날 필요가 없다. 하나님의 영광이 빛나고 있기 때문이다.

24절과 26절은 천국이 아름다운 영광으로 가득한 이유를 설명한다.

천국은 모든 영광을 하나님께만 돌리는 나라다. 우리는 이 세상에서 모든 명예와 영광을 잘 보관하다가 하나님께만 올려드릴 수 있어야 한다.

그렇다면 어떻게 하면 이 세상에서도 하나님 나라의 영광을 바라보며 살아갈 수 있을까? 사도 요한은 해답을 얻었다. 하늘의 거룩한 도성, 천국의 찬란한 영광을 본 것이다. 사도 요한이 지중해의 외딴섬에 있는 어두운 감옥에서 선명하게 천국을 볼 수 있었던 이유는 성령충만함으로 영안이 밝았기 때문이다. 그는 캄캄한 토굴에서도 성령의 밝은 조명을 받았다. 성령의 빛으로 어두움을 이기며 살았다. 성령으로 휩싸여 살았다.

성령충만한 사람은 하늘의 영광을 바라보며 산다. 송명희 시인의 표현처럼 '어둠 속에 살아도 어둠에 쌓이지 않고' 살아갈 수 있다. 성령의 조명을 받으며 살수록 하늘의 영광이 보인다. 성령 없이 살수록 세상의 부귀영화가 크게 보이고, 성령충만할수록 몸은 땅에 있어도 마음은 하늘의 영광을 바라보며 살아간다.

우리가 들어갈 천국은 예수님을 믿고 구원받은 모든 사람이 함께 사는 나라다. 인종과 민족, 나라와 국가를 초월한 세계 만민이 동서남북에서 몰려오는 곳이다. 그리고 하나님의 영광으로 가득 찬 찬란한 왕국이다. 우리가 비록 몸은 이 땅에 있지만, 성령충만함으로 그 천국의 영광을 바라보며 살아갈 수 있기를 소망한다.

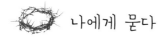 나에게 묻다

예수 그리스도를 구주로 시인하는 사람은 모두 구원의 은혜를 믿는다. 하나님과 함께 영원한 생명을 누리며 살게 될 것도 안다. 하지만 많은 사람들이 그 놀라운 축복에 날마다 감동되어 살지는 않는다. 당장 해결해야 할 일이 많고, 지금의 현실은 어둡고 갑갑하기 때문이다.

하지만 천국을 오늘의 기쁨과 축복으로 누리지 못하는 것은 천국이 멀기 때문이 아니다. 삶이 너무 고단해서도 아니다. 내 마음을 성령에게 내어드리지 않기 때문이다. 성령은 우리의 눈을 열어 하늘의 영광을 바라보게 한다. 성령은 우리의 마음을 열어 천국의 기쁨을 품게 한다.

"당신의 마음을 가득 채우고 있는 것은 무엇입니까?"

1 또 그가 수정 같이 맑은 생명수의 강을 내게 보이니

하나님과 및 어린 양의 보좌로부터 나와서

2 길 가운데로 흐르더라 강 좌우에 생명나무가 있어

열두 가지 열매를 맺되 달마다 그 열매를 맺고

그 나무 잎사귀들은 만국을 치료하기 위하여 있더라

3 다시 저주가 없으며 하나님과 그 어린 양의 보좌가 그 가운데에 있으리니

그의 종들이 그를 섬기며

4 그의 얼굴을 볼 터이요 그의 이름도 그들의 이마에 있으리라

5 다시 밤이 없겠고 등불과 햇빛이 쓸 데 없으니

이는 주 하나님이 그들에게 비치심이라

그들이 세세토록 왕 노릇 하리로다

27
CHAPTER

새로운
새벽이 오고 있다

요한계시록 22장은 새 에덴동산의 아름다운 광경을 실감나게 소개하는 것으로 시작한다. 새 에덴동산에는 생명과 연관된 세 가지가 있다. 생명수의 강, 생명나무, 그리고 생명나무의 열매다. 이것은 인류의 첫 조상 아담이 죄를 지은 후 에덴동산에서 금지되었던 축복이다. 그런데 예수님께서 회복해 주신 것이다. 그래서 새로운 에덴동산에는 생명나무가 열두 가지 열매를 맺으며, 그 나무 잎사귀들이 만국을 치료한다(2절). 이처럼 하나님의 나라는 완전한 회복과 치유의 은총을 가져다준다. 믿는 사람들은 이런 천국을 소망하며 살아가야 한다.

그런데 현대인에게는 종말신앙이 점점 흐려져 가고 있다. 오래 전에 "영생보험에 드셨나요?"라는 제목으로 설교를 한 적이 있다. 많은 사람들은 보험을 들어 노후대책을 마련해 놓는다. 그 종류도 다양하다. 생명보험,

교육보험, 연금보험, 각종 암 보험, 화재보험, 여행자보험 등 수십 가지다. 물론 필요하다. 하지만 우리는 스스로에게 진지하게 물어야 한다. '나는 사후대책을 잘 세우며 살아가고 있는가?'

빌리 그래함 목사님은 요한계시록 강해 후기를 이렇게 마무리한다. "새로운 새벽이 오고 있다!" 정말로 새로운 새벽이 오고 있다면 우리는 어떻게 준비해야 할까? 그 답이 22장에 있다. 예수님은 우리가 구원받는 것에 급급한 나약한 사람으로 살 것이 아니라, 하늘의 상급을 받는 승리자가 되라고 격려한다.

요한계시록의 주제는 '예수님과 함께 승리하는 신자'다. 그래서 요한계시록에서는 '승리'를 의미하는 헬라어 '니카오'를 계속 강조한다.

시작과 끝, 처음과 마지막이신 예수님

요한계시록의 핵심은 22장 12-13절 말씀이다.

> 보라 내가 속히 오리니 내가 줄 상이 내게 있어 각 사람에게 그가 행한 대로 갚아 주리라 나는 알파와 오메가요 처음과 마지막이요 시작과 마침이라
>
> (요한계시록 22:12-13)

예수님의 이름 중 '알파와 오메가(A&Ω)'는 가장 웅장한 호칭이다. '알파

(A)'는 그리스어 알파벳의 첫 글자이고 '오메가(Ω)'는 마지막 글자다. 시작이 있으면 마침이 있고, 출발이 있으면 도착이 있고, 창조가 있으면 완성이 있고, 처음이 있으면 끝이 있다. 즉 이것은 예수님은 시작과 마침, 출발과 도착, 처음과 마지막, 최초와 최종이라는 의미로, '완전하신 분'이라는 뜻이다. 재미있는 점은, 요한계시록에 '알파와 오메가'가 네 번 소개되는데, 그중 1장에서 2회, 마지막 장인 22장에서 2회 사용된다. 시작과 완성의 균형이 참 멋지지 않은가?

성경은 "태초에 하나님이 천지를 창조하시니라(창세기 1:1)."라는 말씀으로 시작하고, "주 예수의 은혜가 모든 자들에게 있을지어다 아멘(요한계시록 22:21)."으로 끝난다. 하나님으로 시작하고 예수 그리스도로 마친다. 성경의 이야기는 하나님이 시작하신 것을 예수님이 완성하신 내용이다.

예수님은 구원의 완성자이시다. 히브리서 12장 2절은 믿음의 경주를 하는 신자들에게 "믿음의 주요 또 온전하게 하시는 이인 예수를 바라보자."고 위로한다. 예수님은 우리의 구원을 시작하셨을 뿐만 아니라 반드시 완성해 주신다. 사람은 시작은 하더라도 때때로 이루지 못하고 도중에 그만두는 일들이 많다. 그런데 예수님은 시작하신 모든 것을 완전하게 이루신다. 하나님께서 시작하신 이 세상을 예수님은 새 하늘과 새 땅으로 완성하신다.

그러므로 '알파와 오메가'인 예수님은 인생의 완성자로서 요람에서부터 부활까지 함께하신다. 삶의 출발에서부터 함께하신다. 출생에서도, 성장기에도, 청소년기에도, 결혼 이후에도, 직장생활에서도, 노년기에도 여전히 함께하신다. 세상 끝날까지 함께해 주신다.

우리의 인생은 주님께서 완성하실 것이다. 중요한 것은 우리가 오늘을 어떻게 살아가느냐 하는 것이다. 어떤 신학자의 말대로 "오늘 어떤 사람이 되느냐가 영원한 나를 준비하는 것"이다. 영국의 성경학자 메튜 헨리 (Matthew Henry)는 이런 신조로 훌륭한 인생을 살았다. "마지막 날을 준비하면서 매일의 삶을 살아야 한다."

요한계시록의 결론이자 마지막 장인 22장은 동기부여의 메시지다. 천국의 상급과 영광을 바라보는 만큼 하나님 나라 중심으로 살라는 것이다. 그렇다면 찬란한 미래를 가져올 새로운 새벽을 맞이하기 위해 우리는 어떤 삶을 살아야 할까?

정도를 따라 살아가자

현실은 미로와 같이 복잡하다. 지뢰밭길 인생이다. 그러나 종말이 있고, 영원한 내세가 있다면 현재 우리가 살아가야 할 삶의 방식은 간단하다. 정도를 따라 살아가는 것이다. 요한계시록의 시작과 결론은 똑같은 지침을 준다. 하나님의 말씀을 지키라는 것이다.

이 예언의 말씀을 읽는 자와 듣는 자와 그 가운데에 기록한 것을 지키는
자는 복이 있나니 때가 가까움이라 (요한계시록 1:3)

> 보라 내가 속히 오리니 이 두루마리의 예언의 말씀을 지키는 자는 복이
>
> 있으리라 하더라 (요한계시록 22:7)

로마 시대 사람들은 '지키라'는 말씀이 매우 익숙했다. 스포츠 경기가 왕성하게 열리던 그때, 모든 선수는 규칙을 철저하게 지켜야 진정한 승리자가 될 수 있었다.

언젠가 영국 런던 마라톤 대회에서 이변이 벌어졌다. 1등으로 달리던 선수와 2등으로 달리던 선수 사이에 격차가 상당히 벌어졌는데, 2등으로 달리던 선수를 포함에 그 뒤를 따르던 모든 선수가 실격처리 되었다. 그 이유는 2등으로 달리던 선수가 실수로 정로를 벗어나 잘못된 코스로 달렸는데, 그 뒤를 따르던 선수들도 모두 그의 뒤를 따랐던 것이다.

정도를 따르지 않으면 성공한 것 같아도 결국 실격처리 된다. 그러므로 정도 인생을 살기 위해서는 하나님의 말씀에 사족을 달지 말아야 한다. 22장에서도 그것을 엄중하게 경고한다.

> 내가 이 두루마리의 예언의 말씀을 듣는 모든 사람에게 증언하노니 만일 누
>
> 구든지 이것들 외에 더하면 하나님이 이 두루마리에 기록된 재앙들을 그에
>
> 게 더하실 것이요 만일 누구든지 이 두루마리의 예언의 말씀에서 제하여 버
>
> 리면 하나님이 이 두루마리에 기록된 생명나무와 및 거룩한 성에 참여함을
>
> 제하여 버리시리라 (요한계시록 22:18-19)

편리에 따라 합리화하거나 정당화시키지 말라는 것이고, 하나님이 정하신 원칙에 자신의 생각이나 철학을 가감하지 말라는 것이다.

훌륭한 영성운동가 유진 피터슨(Eugene Peterson)은 그의 책,『한 길 가는 순례자(Solitary Saint)』에서 정도 인생의 지침을 이야기한다. 그는 삶의 기준과 초점이 분명할수록 의연하고 꿋꿋하게 살아갈 수 있다고 말한다.

예수님은 세상이 제시하는 넓은 길을 따라가지 말고, 하늘을 향한 좁은 길을 따라가라고 말씀하신다(마태복음 7:13-14). 하나님이 정하신 길이 좁고 불편하더라도 그 방법과 원칙을 지키는 자가 승리자가 된다.

초지일관하게 살아가자

기독교 신앙의 견고성은 종말론에 달려 있다. 종말신앙이 분명할수록 흔들리지 않는다. 내세 신앙이 확실할수록 사소한 일에 요동하지 않고 초지일관하게 살아간다. 그래서 11절에서는 세상의 어떤 풍조에도 흔들리거나 요동하지 말고 의연하게 살아가라고 용기를 준다. 악한 사람들이 계속 악하게 살더라도 내버려두고, 우리는 의롭고 올곧게 살아가라고 격려한다. 지금처럼 초지일관하게 살아가라는 것이다.

이제는 불의를 행하는 자는 그대로 불의를 행하고, 더러운 자는 그대로 더러운 채로 있어라. 의로운 사람은 그대로 의를 행하고, 거룩한 사람은 그대로

거룩한 채로 있어라. (요한계시록 22:11, 새번역)

메시지 성경은 로마서 14장 18절을 이렇게 설명한다.

여러분이 할 일은 일편단심으로 그리스도를 섬기는 것입니다. 다만 그 일을 하십시오. 그러면 여러분은 일석이조의 효과를 얻을 것입니다. 여러분은 여러분 위에 계신 하나님을 기쁘시게 해드리면서, 여러분 주변 사람들에게도 여러분의 값어치를 증명해 보일 수 있게 됩니다. (로마서 14:18, 메시지 성경)

(Your task is to single-mindedly serve Christ. Do that and you'll kill two birds with one stone: pleasing the God above you and proving your worth to the people around you.)

일편단심, 초지일관한 신앙으로 살수록 하나님을 기쁘시게 해 드리고, 행복한 사람이 되는 일석이조의 효과를 창출한다.

빌리 그래함 목사님의 말씀처럼 우리에게 새로운 새벽이 오고 있다. 미래의 찬란한 영광이 다가오고 있다. 더욱더 정도를 따라 일편단심, 초지일관한 신앙으로 살면서 승리자의 대열에 설 수 있기를 바란다. 실격 인생이 아닌 합격 인생이 될 것이다.

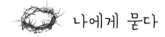 나에게 묻다

우리는 많은 순간 하나님을 기쁘게 하는 사람이 되고 싶다고 고백한다. 그리고 그 고백에 따라 교회를 섬기고, 시간과 물질을 들여 도움이 필요한 사람들을 돕고, 받은 은사를 사용한다.

그런데 하나님이 우리에게 진정으로 바라시는 것은 단순하다. 어떠한 순간에도 하나님이 정하신 법을 지키며, 하나님을 향한 믿음으로 초지일관 살아가는 것이다. 그것이 곧 하나님 나라의 상급과 영광을 바라보는 삶이다.

"당신의 삶을 이끄는 불변의 진리와 법은 무엇입니까?"

17 성령과 신부가 말씀하시기를

오라 하시는도다 듣는 자도 오라 할 것이요

목마른 자도 올 것이요 또 원하는 자는 값없이 생명수를 받으라 하시더라

18 내가 이 두루마리의 예언의 말씀을 듣는 모든 사람에게 증언하노니

만일 누구든지 이것들 외에 더하면

하나님이 이 두루마리에 기록된 재앙들을 그에게 더하실 것이요

19 만일 누구든지 이 두루마리의 예언의 말씀에서 제하여 버리면

하나님이 이 두루마리에 기록된 생명나무와

및 거룩한 성에 참여함을 제하여 버리시리라

20 이것들을 증언하신 이가 이르시되

내가 진실로 속히 오리라 하시거늘 아멘 주 예수여 오시옵소서

21 주 예수의 은혜가 모든 자들에게 있을지어다 아멘

세상의 유일한 희망,
마라나타

28
CHAPTER

얼마 전 '갈등'(葛藤)이라는 단어의 유래와 뜻을 깨달았다. 갈등이란, 칡을 뜻하는 갈(葛)과 등나무를 뜻하는 등(藤)의 합성어다. 등나무는 오른쪽 감기로 올라가고, 칡은 왼쪽으로 나무를 감고 올라간다. 처음에는 칡 덩굴을 덮고 올라가는 등나무가 이기지만, 3년이 지나면 죽은 것 같았던 칡나무 뿌리에서 새 넝쿨이 자라 올라와 등나무 위를 타고 올라가 누르기 때문에 등나무가 죽는다. 이처럼 생태계의 갈등은 엎치거니 덮치거니 풀리지 않고 계속된다. 이기고 지고, 가해와 피해가 반복되는 것이다.

이것이 곧 세상만사의 갈등구조다. 세상의 갈등은 완전히 해결되지 않는다. 예수님이 오셔야 모든 문제가 해결된다. 예수님이 오셔야만 이 세상의 모든 복잡한 문제가 마무리된다.

복음만이 이 세상의 근본문제에 대한 해답을 준다. 더 나아가서 영원한 미래를 보장해 준다. 그러므로 예수님의 재림만이 이 세상의 유일한 희망이며, 기독교만이 희망의 종교다.

그런 점에서 요한계시록 22장 20절의 기도는 우리 모두가 드려야 할 기도제목이다.

아멘 주 예수여 오시옵소서 (요한계시록 22:20)

예수님이 오시면 모든 것이 종료된다. 이런 측면에서 계시록은 종결의 복음이다. 우리는 계시록의 마지막 피날레를 좀 더 심도 있게 이해하기 위해서 사도 요한이 쓴 책들을 대비해서 보아야 한다. 사도 요한이 저술한 세 종류의 책을 다음과 같이 정리할 수 있다.

요한복음	믿어야 할 예수	오신 예수
요한서신	사랑해야 할 예수	계신 예수
요한계시록	기다려야 할 예수	오실 예수

성경의 마지막 책인 요한계시록은 이 땅에 다시 오실 예수님께서 완성하실 하나님 나라의 축복이다. 요한계시록 1장 1절은 이렇게 선언하며 시작한다.

예수 그리스도의 계시라 이는 하나님이 그에게 주사 반드시 속히 일어날 일

들을 그 종들에게 보이시려고 그의 천사를 그 종 요한에게 보내어 알게 하

신 것이라 (요한계시록 1:1)

예수님은 점점 더 어두워져 가는 세상에 새로운 새벽을 가지고 오시는 희망의 메시아이시다. 그래서 예수님은 자신을 '빛나는 새벽별(the bright Morning Star)'이라고 명명하셨다(요한계시록 2:28, 22:16, 베드로후서 1:19). 예수님은 어두움을 몰아내려 오시는 희망의 새벽별이시다. 예수님께서 자신을 '빛나는 새벽별'이라고 하셨을 때, 환난과 핍박으로 영혼의 어두운 밤을 통과하며 살고 있었던 초대교회 성도들은 얼마나 밝은 희망을 품게 되었을까? 메시아로 오신 예수님이 인생의 어두운 밤을 몰아내고 밝은 새 아침을 가져다주시는 분으로 분명하게 믿어졌을 것이다.

예수님이 이 세상에 오실 때 모든 상황은 어두운 절망이었다. 그래서 예수님은 한밤중에 동방의 별이 되어 들판의 목자들을 베들레헴으로 인도해주었다. 동방의 박사들도 별을 보고 베들레헴까지 올 수 있었다.

예수님의 부활도 새벽에 일어났다(누가복음 24:1,22). 죽은 지 사흘이나 지난 최악의 절망적 상황에서도 예수님은 부활의 희망으로 새 아침을 창조해 주신 것이다. 어두움을 물리치고 생명의 새 아침을 태동시키셨다. 그분의 이름이 '빛나는 새벽별'이기 때문이다. 그분은 오늘도 우리의 마음속에 있는 어두움을 몰아내고 밝은 희망이 솟아나게 하신다. 절망의 벽을 무너뜨리고 희망의 새 아침을 맞이하게 하신다. 이미 설명한 대로 새벽별은 새로운 날의 출발을 예고한다. 예수님은 우리에게 새로운 인생, 새로운 미래

를 열어 주시려고 어두운 이 세상에 광명한 새벽별로 오신다. 그래서 요한 계시록 22장 마지막 부분에서 자신의 이름을 '빛나는 새벽별'로 소개하신다. 세상과 인류의 종말 다음에 새로운 시대, 새로운 미래를 개막하는 분임을 천명한다.

여전히 희망이 있다

영혼의 어두운 밤을 통과했던 베드로 사도 역시 예수님을 '어두운 마음에 밝은 빛을 비춰 주시는 샛별'이라고 표현한다.

또 우리에게는 더 확실한 예언이 있어 어두운 데를 비추는 등불과 같으니 날이 새어 샛별이 너희 마음에 떠오르기까지 너희가 이것을 주의하는 것이 옳으니라 (베드로후서 1:19)

모든 상황이 절망적으로 보이는 자포자기의 순간에도 예수님은 희망을 주시는 분이라는 확신의 노래다. 이처럼 예수님은 우리에게 희망의 별이시다. 어두움이 가장 짙은 밤중에 희망의 빛으로 찾아오신다. 모든 별들이 다 사라지고 자취를 감추었을 때, 새 아침이 도래하고 있음을 밝히는 비너스처럼 희망을 품게 하신다. 또한 그분은 우리를 새로운 미래로 인도하셔서 회복의 역사를 시작하게 하시며, 새로운 회생과 반전의 기적을 가능하게 하신다. 그러므로 우리에게는 여전히 희망이 있다. 예수님이 '빛나는 새벽별'인 이상 우리에게는 새 아침의 희망이 있다. 그래서 예수님은 우리에게 큰 기대감을 품게 하신다. 그것은 곧 예수님의 확실한 재림 약속이다. 요한계시록의 결론인 22장에서 예수님의 확실한 재림을 세 번씩이나 반복한다.

> 보라 내가 속히 오리니 이 두루마리의 예언의 말씀을 지키는 자는 복이 있으리라 하더라 (요한계시록 22:7)

> 보라 내가 속히 오리니 내가 줄 상이 내게 있어 각 사람에게 그가 행한 대로 갚아 주리라 (요한계시록 22:12)

> 이것들을 증언하신 이가 이르시되 내가 진실로 속히 오리라 하시거늘 아멘 주 예수여 오시옵소서 (요한계시록 22:20)

여기서 사용하는 단어 '속히'는 시간적 개념을 뛰어넘는다. '분명히, 확실하게'라는 뜻으로 사용된다. 예수님은 틀림없이 오신다. 역사적으로 예수님의 초림이 분명했듯이, 재림도 확실한 것이다. 예수님의 초림은 재림으로 완성된다.

사도행전 1장 11절에서는 이런 확신을 준다. 예수님께서 승천하실 때 흰옷 입은 두 천사가 우렁차게 선포한다.

이르되 갈릴리 사람들아 어찌하여 서서 하늘을 쳐다보느냐 너희 가운데서

하늘로 올려지신 이 예수는 하늘로 가심을 본 그대로 오시리라 하였느니라

(사도행전 1:11)

누가 어떻게 반론해도 예수님은 반드시 영광 중에 승리자로 오신다. 그런데 놀라운 사실이 하나 있다. 예수님은 마지막 순간까지도 우리를 구원의 자리로 초청해 주신다. 한 영혼이라도 더 구원받게 하시려고 마지막 순간까지 기회를 주신다. 마치 노아의 홍수 때 심판의 마지막 순간까지 방주 문을 열어 놓고 기다리신 것과 같다.

성성령과 신부가 말씀하시기를 오라 하시는도다 듣는 자도 오라 할 것이요

목마른 자도 올 것이요 또 원하는 자는 값없이 생명수를 받으라 하시더라

(요한계시록 22:17)

구원의 자리로 오라는 것이다. '오라'를 세 차례나 반복한다. 끊임없는 초청이다. 그리고 생명수를 값없이 받으라고 하신다. 구원은 오직 은혜로 받는 것이다. 구원은 예수님이 오시는 그날까지 계속된다. 그래서 우리는 전도와 선교를 계속해야 한다.

이처럼 요한계시록의 결론 메시지는 매우 고무적이다. 우리가 예수님의 재림을 맞이하기 위해 할 일은 두 가지다. 이것이 마라나타 신앙이다. 무엇을 어떻게 하며 살아가는 신앙일까?

자신의 죄성을 회개하며 살아가자

우리는 이미 예수님의 십자가 보혈로 죄 사함을 받은 자들이다. 그러나 우리가 죄로부터 완전한 자가 된 것은 아니다. 우리의 죄성은 여전히 남아 있다. 우리가 받은 구원은 신분의 변화이지, 완벽한 성화는 아니다. 변화와 성화는 차원이 다른 것이다. 우리는 여전히 근원적인 죄와 싸우며 살아가야 한다.

우리가 이미 살펴본 요한계시록 7장 14절에서는 우리가 예수님의 십자가 보혈로 완전히 씻음받은 자가 되었음을 선언한다. 이것은 단회적 성결을 뜻한다.

> 내가 말하기를 내 주여 당신이 아시나이다 하니 그가 나에게 이르되 이는 큰 환난에서 나오는 자들인데 어린 양의 피에 그 옷을 씻어 희게 하였느니라 (요한계시록 7:14)

그런데 22장 14절에서는 우리가 날마다 예수님의 보혈로 씻음받으며 살아야 함을 강조한다. 이것은 반복적 성결을 의미한다. 그래서 우리는 날마다, 순간마다 죄 씻음의 은혜가 필요하다.

> 자기 두루마기를 빠는 자들은 복이 있으니 이는 그들이 생명나무에 나아가며 문들을 통하여 성에 들어갈 권세를 받으려 함이로다 (요한계시록 22:14)

이것은 계속적인 회개생활을 뜻한다. 요한일서 1장 9절에서는 좀 더 구체적으로 설명한다. 그것은 자신의 죄성을 인정하고, 고백하며 사는 것이다.

만일 우리가 우리 죄를 자백하면 그는 미쁘시고 의로우사 우리 죄를 사하시
며 우리를 모든 불의에서 깨끗하게 하실 것이요 (요한일서 1:9)

기독교 신앙의 핵심은 고백에 있다. 예수님을 나의 구주로 믿는다는 신앙고백이 필요하다. 그리고 나는 죄인이라는 영혼의 고백이 필요하다. 바울처럼 영성이 고결해질수록 자신의 근원적인 죄성을 가슴 아파하는 고백을 하며 살아간다. 영혼의 고백이 분명한 만큼 큰 죄인(great sinner)에서 훌륭한 성인(great saint)이 된다. 오늘 우리에게도 겸손한 고백이 필요하다.

"주여, 저는 죄인입니다. 저는 오늘도 죄 용서의 은혜가 필요합니다. 주여, 저를 긍휼히 여겨 주소서."

하늘의 영광을 바라보며 살아가자

성경의 결말은 상급과 축복이다. 요한계시록의 주제 그대로 우리가 승리하는 만큼 하늘의 상급과 면류관이 주어진다. 우리에게는 찬란한 미래의 영광이 보장되어 있다. 천국에서 각 사람에게 줄 상급이 있다는 희망의 소식이며, 재림하시는 예수님의 약속이다.

신약성경은 상급에 관하여 총 25번이나 언급한다. 그것을 4가지로 정리하자면 첫째, 하나님은 상 주시는 분이다(히브리서 11:6). 둘째, 각자 받을 자기 상이 있다(마태복음 6:2,5. 고린도전서 3:8). 셋째, 자신의 섬김과 헌신에 따라 큰 상이 있다(누가복음 6:23,35. 히브리서 10:35). 넷째, 우리는 영원한 상을 받는다. 그래서 성경에서는 '면류관'이라는 단어를 사용한다. 기쁨의 면류관, 영광의 면류관, 자랑의 면류관, 의의 면류관, 생명의 면류관, 승리의 면류관을 우리 머리 위에 씌워 주신다.

우리가 어떤 어려운 상황에서도 신앙을 지키며 사는 만큼 하늘의 보상과 영광이 주어진다는 약속이다. 따라서 믿음으로 최선을 다하는 사람만이 20절의 기도가 가능하다.

"아멘. 주 예수여. 오시옵소서."

마라나타의 기도는 아무나 할 수 없다. 오직 주님 앞에 부끄러움 없이 신실하게 사는 사람만이 드릴 수 있는 기도다. 우리 모두 하늘의 영광을 바라보며 신실하게 살아가자. 그래서 요한계시록은 다시 한 번 주님의 은혜를 강조하면서 대단원의 막을 내린다.

주 예수의 은혜가 모든 자들에게 있을지어다 아멘 (요한계시록 22:21)

우리가 받는 상은 보상이 아니라 은혜다. 우리 모두 오직 예수님의 십자가 보혈은총으로 죄 사함을 받고, 오직 그분의 은혜로만 하늘의 영광을 누릴 수 있다. 오직 예수님으로만 이기는 신앙생활을 할 수 있다.

땅에서의 선택(choices)이 하늘에서의 영원한 결과(consequences)를 초래한다. 따라서 이런 진솔한 기도를 드리면 어떨까?

"조금만 더 …

그대가 받는 보수보다 조금만 더 일하라.

그대가 이만하면 되었다고 생각하는 것보다 조금만 더 하나님께 바쳐라.

그대가 족하다고 생각하는 것보다 조금만 더 열심을 내라.

그대가 가능하다고 믿는 것보다 조금만 더 높은 목표를 잡아라.

그대가 지금 유지하고 있는 하나님과의 거리를 조금만 더 가까이 하라.

그대의 불평과 불만보다 조금만 더 많은 감사를 하나님께 드려라.

그대가 땅의 것을 내려다보는 것보다 조금만 더 위의 것을 사모하라."

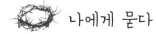 나에게 묻다

모든 상황이 절망적으로 보이는 자포자기의 순간에도 예수님은 희망을 주시는 분이다. 이처럼 예수님은 우리에게 희망의 별이시다.

또한 그분은 우리를 새로운 미래로 인도하셔서 회복의 역사를 시작하게 하시며, 새로운 회생과 반전의 기적을 가능하게 하신다. 그러므로 우리에게는 여전히 희망이 있다. 예수님이 '빛나는 새벽별'인 이상 우리에게는 새 아침의 희망이 있다.

"당신에게 예수님은 모든 상황을 뛰어넘는 희망입니까?"

이기는 신앙

초판 1쇄 발행	2016년 04월 14일
5쇄 발행	2016년 04월 17일

지은이 ㅣ 조봉희
발행인 ㅣ 이영훈
펴낸곳 ㅣ 교회성장연구소
주   간 ㅣ 김호성
편집인 ㅣ 김형근
편집장 ㅣ 홍지애
기획·편집 ㅣ 최윤선
디자인 ㅣ 서은진
마케팅팀 ㅣ 02-2036-7935
단행본팀 ㅣ 02-2036-7928

등록번호 ㅣ 제 12-177호
주소 ㅣ 서울특별시 영등포구 여의공원로 101 CCMM빌딩 7층 703B호
웹사이트 ㅣ www.pastor21.net

ISBN ㅣ 978-89-8304-249-1
*책 가격은 뒤표지에 있습니다.
*잘못 만들어진 책은 바꿔드립니다.

"무슨 일을 하든지 마음을 다하여 주께 하듯 하라." (골 3:23)

교회성장연구소는 한국의 모든 교회가 건강한 교회성장을 이루어 하나님 나라에 영광을 돌리는 일꾼으로
성장하는 것을 목표로, 목회자의 사역과 성도들의 영적 성장을 도울 수 있는 필독서들을 출간하고 있다.
주를 섬기는 사명감을 바탕으로 모든 사역의 시작과 끝을 기도로 임하며 사람 중심이 아닌 하나님 중심으로
경영한다. "무슨 일을 하든지 마음을 다하여 주께 하듯 하라."는 말씀을 늘 마음에 새겨 하나님께서 주신
사명을 기쁨으로 감당하고 있다.